KB252799

거인의 어깨

필사노트

거인의 어깨
필사노트

벤진 리드 지음

존재와 참, 사회와 힘, 인간과 삶에 대한
인류와 AI의 공통 사유 도구

**180명 사상가들의 핵심 개념과 어록 필사를 통해
사유의 근육을 키우다**

자이언톡

사유는 어떻게 시작되는가

이 책은 사유의 힘을 키우려는 사람에게 필요한 훈련 도구로 기획되었다.

지식은 넘쳐나는데 생각은 짧아지고, 의견은 많아졌지만 질문은 사라진 시대. 무엇을 믿을 것인가보다 어떻게 생각할 것인가가 더 어려워진 지금, 우리는 다시 처음으로 돌아가야 한다.

『거인의 어깨 철학 3부작』은 존재와 진리, 사회와 권력, 인간과 삶이라는 세 축을 따라 인류 사유의 흐름을 따라가며 질문을 던져왔다.

이 책은 그 여정을 압축하고, 다시 엮은 지도다. 하지만 단순한 요약본은 아니다. 설명은 줄이고, 개념과 문장을 남겼다. 문장은 독자의 걸음을 멈추게 하고 사유는 다시 독자의 몫이 된다.

이 책에는 인류의 시원에서 21세기 최전선에 이르기까지 동서양을 넘나들며 인간의 사유를 바꾸어온 종교, 철학, 과학의 핵심 개념과 문장들이 담겨 있다. 크리슈나와 석가, 공자와 예수에서 플라톤, 칸트, 마르크스, 니체를 지나 아인슈타인, 하이데거, 보부아르, 그리고 인공지능과 포스트휴먼을 사유하는 현대 사상가들까지를 다루고 있다.

『거인의 어깨 철학 3부작』을 기획할 때부터 '필사노트'를 최종판으로 염두에 두었다. 사유는 눈으로만 읽을 때보다, 손을 지나갈 때 더 오래 남는다.

개념은 읽는 것이 아니라, 붙잡는 것이다. 한 문장을 따라 쓰는 동안 우리는 그 문장을 잠시 붙잡는다. 속도를 늦추고, 의미를 곱씹고, 자신의 생각과 마주하게 된다. 필사는 과거를 복제하는 행위가 아니다. 오히려 과거의 문장을 현재의 질문 속으로 데려오는 행위다.

이 책에 담긴 문장들은 인류가 반복해온 질문의 흔적이며 아직 끝나지 않은 대화의 초대장이다. 이 책을 덮을 때 무언가를 '알게' 되기보다 무언가를 '다시 묻게' 되기를 바란다.

사유는 그렇게 시작되고 사유의 힘은 반복을 통해 단련되기 때문이다.

자이언톡 팀을 대표하여 벤진 리드

023

베이컨 Francis Bacon, 1561~1626

영국의 철학자이자 정치가로, 중세적 학문 전통을 비판하고 **경험과 귀납에 기초한 새로운 과학 방법**을 제시하였다.

사상가 소개

핵심 개념어

- **귀납법** Induction │ 개별적 경험과 관찰로부터 일반 법칙에 이르는 탐구 방법.
- **우상** Idola │ 인간의 인식을 왜곡하는 선입견과 오류의 유형들(종족·동굴·시장·극장의 우상).

핵심 어록

"인간의 정신은 스스로의 선입견을 옳다고 믿기 쉽다. 인간은 자연보다 자신의 상상력에 더 쉽게 이끌린다. 따라서 자연을 진실되게 이해하려면 우선 마음속의 우상들을 제거해야 한다."
―『신기관』, 1620

사유의 맥락과 해설

베이컨에게 문제는 세계가 아니라 인간의 인식이었다.
자연은 스스로를 숨기지 않지만, 인간은 편견과 전통, 언어와 권위에 사로잡혀 자연을 제대로 보지 못한다.
잘못된 관념들, 곧 우상들을 제거하지 않는 한, 관찰은 곧바로 오류로 굳어진다.
베이컨이 제안한 새로운 학문은 사변이 아니라 축적된 경험에서 출발한다.
존재란, 미리 규정된 본질이 아니라 경험 속에서 점차 밝혀지는 것이었다.

이 필사노트는 거인의 어깨 사유 3부작의 순서에 따라 인류 사상사의 거인들의 사유 핵심 개념과 핵심 어록을 필사하면서 사유의 근육을 키우기 위한 훈련도구로 기획되었습니다.

더 생각해보기

· 우리는 무엇을 보고 있다고 믿고 있는가?

· 관찰 이전에 이미 개입된 전제는 없는가?

· 오늘날 우리의 '우상'은 어떤 형태를 띠고 있는가?

차례

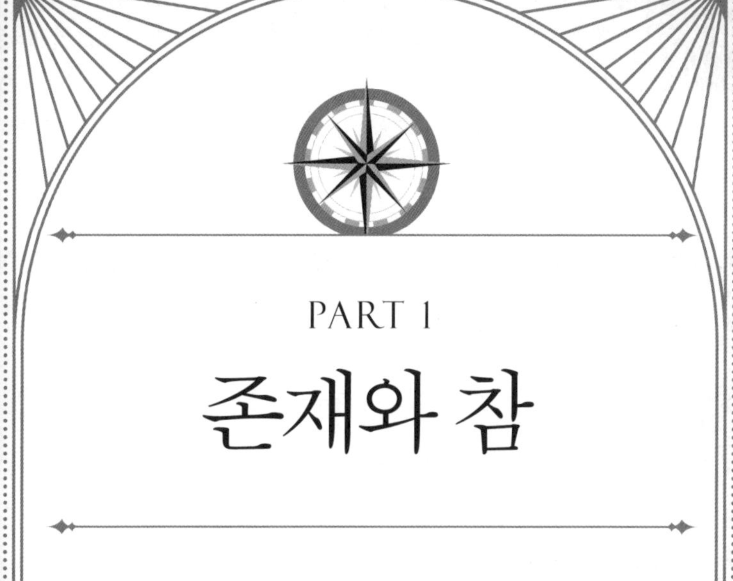

PART 1

존재와 참

**헤시오도스에서 가브리엘까지
61 거인의 사유를 깊이 있게 만나다**

헤시오도스 Hēsíodos, BC 8세기 후반~7세기 초반

고대 그리스의 시인으로, 『신통기』를 통해 세계의 기원을 신들의 계보와 질서의 형성 과정으로 노래했다.

- **카오스** Chaos │ 형태도 경계도 없는 원초적 상태. 존재와 비존재의 구분 이전의 열린 공간

"처음에는 카오스가 있었다. 그 다음은 넓은 가이아, 모든 것의 영원한 터전이 생겨났으며, 그리고 지옥의 깊은 심연 타르타로스가 대지 아래 어둠 속에 있었다."

— 『신통기』, BC 8~7C 경

헤시오도스에게 세계는 처음부터 질서 정연하지 않았다. 존재는 완성된 상태로 주어진 것이 아니라, 혼돈 속에서 점차 모습을 드러내는 과정이었다.

그가 말한 '카오스'는 단순한 무질서가 아니다. 그것은 아직 구분되지 않은 상태, 아직 이름 붙여지지 않은 존재의 가능성이다.

가이아(대지), 우라노스(하늘), 타르타로스(심연)는 카오스에서 태어났고, 신들의 갈등과 계보를 거치며 세계는 비로소 질서라는 형태를 갖추게 된다.

존재란 곧, 혼돈이 질서를 향해 나아가는 이야기였다.

· 나는 지금 세상을 질서로 이해하고 있는가? 아니면 카오스 속에 있다고 느끼는가?

· 내가 설명할 수 없는 불안과 혼란은 오류인가, 아니면 질서화되지 않은 가능성인가?

· 오늘의 세계에 '신화적 설명'이 여전히 필요한 순간은 없는가?

아케나톤 Akhenaten, BC 624~546

고대 이집트의 파라오로, 다신적 신화 체계를 폐기하고
태양 원반 아텐Aten을 유일신으로 선포하였다.

- **아텐**Aten | 모든 생명과 질서의 근원인 유일한 신적 원리.
  형상을 넘어, 빛과 생명의 작용으로 드러나는 절대적 근원.

"당신은 오직 하나뿐인 신이시며, 그와 같은 이는 아무도 없습니다. 당신은 당신의 뜻에 따라, 홀로 세상을 창조하셨습니다. 인간과 가축, 들짐승과 땅 위를 걷는 모든 존재, 그리고 하늘을 나는 날짐승들까지도…"
— 『아텐 찬가』, 1330경

아케나톤은 세계를 설명하던 수많은 신들의 이름을 지워버렸다. 그는 신들의 계보나 서사를 통해 질서를 설명하지 않았다. 대신, 모든 존재가 하나의 근원에서 나온다는 급진적인 사유를 선택했다.

아텐은 신들의 우두머리가 아니다. 아텐은 오직 하나이며, 분할되지 않는다. 그는 형상을 초월한 빛으로서, 만물을 살게 하고 질서를 유지하는 단일한 원리다.

이 세계에서 진리는 더 이상 이야기의 축적이 아니다. 진리는 하나의 중심에서 방사되는 질서이며, 존재는 그 빛을 직접적으로 받아 살아간다.

더 생각해보기

· 세계를 하나의 원리로 설명하려는 욕망은 왜 반복되는가?

· 모든 것을 하나로 묶는 설명은 안정을 주는가, 위험을 낳는가?

· 오늘날 우리는 어떤 '아텐'을 전제한 채 세계를 이해하고 있는가?

복희 伏羲, BC 3000년경 추정

중국 고대 신화적 인물로, 자연의 질서를 관찰해 팔괘八卦를 만들고, 세계를 상징과 구조로 이해하려 하였다.

· **팔괘**八卦 | 음과 양의 변화를 통해 자연과 인간, 세계의 질서를 드러내는 기본적인 상징 체계.

"위를 보아 하늘의 형상을 관찰하고, 아래를 보아 땅의 법칙을 살피며, 새와 짐승의 무늬와 땅의 이치를 관찰하여 가까이는 자신에게서, 멀리는 사물에서 취하여 팔괘를 만들어 신령의 덕을 통하고 만물의 이치를 나누었다."

—『주역 십익』, BC 6~5C경

복희에게 세계는 신들의 이야기로 설명되지 않는다. 그러나 동시에 하나의 절대적 신으로 환원되지도 않는다.

세계는 관찰될 수 있는 질서, 반복되고 변주되는 구조로 드러난다.

하늘과 땅, 낮과 밤, 움직임과 멈춤, 강함과 부드러움은 서로 대립하지 않는다.

이들은 음과 양이라는 두 원리로 엮이며, 그 변화의 조합이 만물을 이루는 방식이다.

팔괘는 세계를 이해하기 위한 읽기의 틀이며, 존재를 관계와 변화의 흐름 속에서 파악하려는 시도다.

존재란, 초월적 의지의 산물이 아니라 자연의 질서가 드러나는 구조였다.

- 세계는 설명되어야 하는가, 읽혀야 하는가?

- 변화 자체를 질서로 받아들이는 것은 가능한가?

- 오늘날 우리는 세계를 어떤 '구조'로 해석하고 있는가?

탈레스 Thales, BC 624~546

고대 그리스 밀레토스의 사상가로, 세계의 기원을 신화가 아닌 자연 원리로 설명하려 한 최초의 철학자로 전해진다.

- **아르케** Archē │ 만물의 근원.

모든 존재가 비롯되고 다시 돌아가는 최초의 원리.

"만물의 근원은 물이다. 만물의 본질은 단순하며, 물이 그 단순함을 가장 잘 설명한다. 물은 다양한 형태로 존재하며, 이 변화는 모든 존재의 다양성을 설명한다."

— 『철학자 열전(디오게네스 저)』, 3세기 초

탈레스는 세계를 설명하기 위해 신들의 이름도, 상징의 조합도 호출하지 않았다. 그는 질문을 단순화했다. 이 세계는 무엇으로 이루어져 있는가?

그의 대답은 '물'이었다. 물은 생명을 낳고, 형태를 바꾸며, 고체와 액체, 기체를 넘나드는 성질을 지닌다.

중요한 것은 답이 아니라 방식이다.

세계는 더 이상 신의 의지로 움직이지 않는다. 자연은 자연 안의 원리로 설명될 수 있으며, 존재는 관찰과 사유를 통해 파악될 수 있다.

1부 │ 존재와 참

더 생각해보기

· 세계를 하나의 물질로 환원하려는 시도는 무엇을 가능하게 했는가?

· 신화를 버린 설명은 정말로 더 합리적인가?

· 오늘날 우리는 세계의 '아르케'를 무엇으로 상정하고 있는가?

데모크리토스 Democritus, BC 460~370경

고대 그리스의 사상가로, 세계를 더 이상 연속적 원리가 아니라 분해 가능한 최소 단위의 결합으로 설명한 원자론을 창시하였다.

• **아토모스**Atomos ┃ 더 이상 나눌 수 없는 것. 모든 존재를 구성하는 불가분의 최소 단위.

"감각에 의해 우리는 색깔, 단맛, 쓴맛을 인식한다. 실제로 존재하는 것은 오직 원자와 공허뿐이다. 색깔, 맛, 냄새는 오직 관습에 의한 것이고, 실제로는 원자들의 형태와 배열, 위치만이 존재한다. 원자들은 분할되지 않으며, 본성적으로 단단하고, 크기와 형태, 배열과 위치에 따라 무수한 사물을 이룬다."

—『철학자 열전(디오게네스 저)』, 3세기 초

데모크리토스에게 세계는 하나의 연속적 흐름이 아니었다. 그는 자연을 끝없이 나눌 수 있다고 보지 않았다. 존재는 더 이상 하나의 근원이나 원리로 설명되지 않는다. 존재는 수없이 많은 원자들의 결합과 분리로 이루어진다.

원자는 생성되지도 소멸되지도 않는다. 그들은 크기와 형태, 배열과 위치의 차이로 다양한 사물과 현상을 만들어낸다. 변화란 새로운 실체의 탄생이 아니라, 원자들의 배치가 달라지는 사건이다.

- 세계를 구성 요소로 환원하면 무엇을 얻게 되는가?
- 목적 없는 세계는 인간에게 불안인가, 해방인가?
- 오늘날 우리는 무엇을 '더 이상 나눌 수 없는 것'으로 상정하는가?

에피쿠로스 Epicurus, BC 341~270

고대 그리스의 철학자로, 원자론을 계승하면서도 세계와 인간의 자유를 설명하기 위해 '우연한 빗나감'이라는 개념을 도입했다.

· **클리나멘**Clinamen | 원자가 낙하 도중 예측 불가능하게 미세하게 빗나가는 운동. 필연의 연쇄를 끊고, 생성과 자유의 가능성을 여는 계기.

"원자들은 각각의 때에 서로 다른 방향으로 떨어지지만, 그 낙하 시점도, 낙하 위치도 불확정하다. 그러므로 그들은 아주 약간 방향을 틀 수 있다. 그것이 없었다면 충돌은 일어날 수 없으며, 생성은 시작될 수 없었을 것이다."

—『헤로도토스에게 보내는 편지』, BC 280경

에피쿠로스는 데모크리토스의 원자론을 받아들였다.

그러나 하나의 문제가 남아 있었다. 만약 원자들이 오직 필연적인 법칙에 따라 똑같은 방향으로만 움직인다면, 세계는 왜 이렇게 다양한 형태를 갖게 되었는가.

그리고 인간의 선택과 자유는 어디에서 비롯되는가.

에피쿠로스는 이 지점에서 클리나멘, 즉 원자의 미세한 빗나감을 상정한다. 이 빗나감은 원인으로 환원되지 않으며, 예측될 수도, 계산될 수도 없다. 그러나 바로 그 틈에서 원자들은 충돌하고, 결합하며, 세계는 단조로운 필연을 벗어나 생성된다.

- 세계가 완전히 결정되어 있다면 자유는 가능한가?

- 우연은 혼란인가, 생성의 조건인가?

- 오늘날 우리는 어디에서 '클리나멘'을 발견하고 있는가?

파르메니데스 Parmenides, BC 510~450경

고대 그리스 엘레아의 사상가로, 변화와 생성의 세계를 부정하고 오직 '존재함' 그 자체만이 참으로 사유될 수 있다고 주장했다.

- **존재**To Eon │ 생성도 소멸도 없는 것. 분할되지 않고, 변화하지 않으며, 언제나 동일하게 있는 것.

"생성도 없고, 소멸도 없다. 존재는 전체로서 연속적이며, 분리되지 않는다. 존재는 언제나 지금, 연속적으로 존재한다. 결코 과거나 미래가 존재하는 것이 아니라, 단지 존재하는 것만이 있다. 왜냐하면 존재하지 않는 것은 말해질 수도, 생각될 수도 없기 때문이다."
— DK 인용, BC 470경

파르메니데스에게 가장 중요한 질문은 이것이었다.

무無는 사유될 수 있는가?

그의 대답은 단호하다. 없는 것은 생각될 수도, 말해질 수도 없다.

만약 무를 생각할 수 없다면, 존재는 생성될 수도, 소멸될 수도 없다.

생성과 변화는 모두 존재가 무에서 나오거나 무로 사라진다는 전제를 포함하기 때문이다.

변화는 사유의 대상이 될 수 없고, 오직 존재함 그 자체만이 생각될 수 있다.

- 변화하지 않는 것만이 참이라고 말할 수 있는가?
- 감각이 보여주는 세계를 전적으로 신뢰할 수 있는가?
- 오늘날 우리는 무엇을 '의심할 수 없는 것'으로 전제하고 있는가?

헤라클레이토스 Heraclitus, BC 535~475경

고대 그리스 에페소스의 사상가로, 변화와 생성 그 자체를 존재의 본질로
사유하였다.

· **판타 레이**Panta Rhei | 모든 것은 흐른다. 존재는 머무르지 않으며,
변화는 예외가 아니라 규칙이다.

"같은 강물에 두 번 들어갈 수 없다. 우리는 들어가지만, 들어가는
강도, 우리도 같지 않다. 모든 것은 흐르고, 정지하는 것은 없다.
끊임없는 변화 속에서 만물은 존재하고, 바로 그 변화가 질서와 조
화를 낳는다"
— DK 인용, BC 470경

헤라클레이토스에게 존재는 고정된 것이 아니다. 존재는 언제나 되어 가는 중에 있으
며, 변화는 존재의 결핍이 아니라 존재의 방식이다.
모든 것은 흐른다. 이것이 판타 레이다. 그러나 이 흐름은 무작위가 아니다.
낮과 밤, 삶과 죽음, 전쟁과 평화는 서로를 파괴하지 않고 서로를 성립시킨다.
대립은 붕괴가 아니라 긴장 속의 균형이다.
파르메니데스가 변화 속에서 사유의 파탄을 보았다면,
헤라클레이토스는 그 변화 속에서 존재의 진실을 보았다.

더 생각해보기

- 변화는 질서를 위협하는가, 성립시키는가?
- 대립과 갈등은 제거되어야 할 것인가, 유지되어야 할 것인가?
- 오늘날 우리는 어떤 변화 속에서 '로고스'를 발견하고 있는가?

플라톤 Plato, BC 427~347

고대 그리스의 철학자로, 변화하는 감각 세계와 변하지 않는 참된 존재의
세계를 구분함으로써 존재와 진리의 이원적 구조를 정식화했다.

- **이데아**Idea | 감각 너머에 존재하는 참된 실재. 사물들이 그러한
  것일 수 있게 하는 본질적 형상.

"우리가 눈과 귀 등 감각을 통해 받아들이는 것은 진리의 그림자
에 지나지 않는다. 마치 동굴 속에 묶인 죄수들이 벽에 비친 그림
자를 현실이라고 믿는 것처럼, 감각은 실재가 아닌 모상을 우리에
게 제시한다. 그러나 참된 앎은 오직 이성을 통해 가능하며, 그 대
상은 변하지 않는 영원한 형상(이데아)이다."
―『국가』, BC 380

플라톤은 앞선 두 극단을 동시에 받아들였다.
감각의 세계는 헤라클레이토스처럼 끊임없이 변하지만, 사유가 붙잡는 참된 존재는
파르메니데스처럼 변하지 않는다.
이로써 세계는 둘로 나뉜다. 변화하는 세계는 의견의 영역이며, 변하지 않는 이데아
의 세계만이 참의 영역이다.

더 생각해보기

- 변하는 세계에서 우리는 어떻게 참을 말할 수 있는가?

- 보이지 않는 것을 더 실제적이라고 말할 수 있는가?

- 오늘날 우리는 무엇을 '이데아'처럼 상정하고 살아가는가?

아리스토텔레스 Aristotle, BC 384~322

고대 그리스의 철학자로, 플라톤의 이원론을 비판하며 변화하는 세계 안에서 존재와 진리를 설명하려 하였다.

- **형상Eidos** | 사물 안에 내재한 본질. 사물이 그것으로서 존재하게 하는 구조.
- **실체Ousia** | 독립적으로 존재하는 것. 형상과 질료가 결합된 개별 존재.

"모든 것은 질료와 형상으로 이루어진다. 질료는 가능성의 바탕이요, 형상은 그 가능성을 현실로 이끄는 원리다. 동상은 청동이라는 질료없이는 존재할 수 없고, 청동은 형상의 인도를 받지 않으면 동상이 될 수 없다. 그러므로 실재란, 형상이 질료 위에 새겨진 완성의 흔적이다."

—『형이상학』, BC 330-325경

아리스토텔레스는 참된 존재를 감각 세계 바깥에 두지 않았다.

이데아는 사물과 분리되어 있지 않으며, 각 사물 안에서 형상으로 실현된다.

존재는 질료가 형상을 향해 나아가는 과정이다.

변화는 가능성에서 현실로의 이행이다.

- 본질은 사물 바깥에 있는가, 안에 있는가?
- 변화는 무엇이 더 되어 가는 과정인가?
- 오늘날 우리는 어떤 '형상'을 현실로 만들고 있는가?

프로타고라스 Protagoras, BC 490~420경

고대 그리스의 소피스트로, 진리의 기준을 세계나 본질이 아니라 **인간의 인식**에 두며 상대주의를 정식화했다.

· **인간 척도설** │ 인간이 만물의 기준이라는 주장. 참과 거짓은 사물 자체가 아니라 인식하는 주체에 의해 결정된다.

"인간은 만물의 척도이다. 존재하는 것들에 대해서는 그것들이 존재한다는 것의, 존재하지 않는 것들에 대해서는 그것들이 존재하지 않는다는 것의 척도이다."

—『진리에 대하여』, BC 440년대 후반 경

프로타고라스는 존재가 무엇인가를 묻지 않았다. 그는 우리가 무엇을 참이라고 말하는가를 물었다. 감각과 상황, 관점이 다른 한 동일한 사물도 서로 다르게 인식된다. 이때 진리는 하나로 고정되지 않는다. 진리는 사물에 있는 것이 아니라,
그 사물을 경험하고 판단하는 인간에게 있다.
존재란, 인간에게 그렇게 드러나는 한에서 참이 된다.

더 생각해보기

· 모두에게 동일한 진리는 가능한가?

· 판단의 기준이 인간이라면, 객관성은 무엇을 의미하는가?

· 오늘날 우리는 어떤 기준으로 '사실'을 확정하고 있는가?

고르기아스 Gorgias, BC 483~375

고대 그리스의 소피스트로, 존재·인식·소통의 가능성을 연쇄적으로 부정하며 회의의 극단을 제시하였다.

· **삼중 부정** | ① 아무것도 존재하지 않는다. ② 설령 존재해도 인식될 수 없다. ③ 설령 인식되어도 전달될 수 없다.

"말은 위대한 권능을 지닌 존재다. 그것은 가장 작고 눈에 보이지 않는 몸체로서, 신적인 일을 해낸다. 말은 슬픔을 멈추게 하고, 기쁨을 불러 오며, 두려움을 제거하고, 용기를 심어준다."
―『헬레네 찬가』, BC 427~420 경

고르기아스는 한 걸음 더 나아갔다. 진리가 인간에 달려 있다면, 그 진리는 정말로 존재하는가?

존재는 인식에 닿지 않고, 인식은 언어로 옮겨지지 않는다.

말은 사물을 전달하지 않으며, 오직 듣는 이의 감각과 정서를 흔들 뿐이다.

따라서 언어는 진리의 매개가 아니라 설득의 도구다.

- 언어는 세계를 드러내는가, 가리는가?

- 전달되지 않는 인식은 지식이라 부를 수 있는가?

- 오늘날 우리는 무엇을 '설득'으로, 무엇을 '진리'로 받아들이는가?

피론 Pyrrho of Elis, BC 360~270경

고대 그리스 엘리스의 철학자로, 존재와 진리에 대한 판단을 유보함으로써 마음의 평정을 얻고자 한 회의주의의 시원을 이루었다.

- **에포케**Epoché │ 판단 중지. 참과 거짓에 대한 단정적 결론을 보류하는 태도.

"사물은 이렇지도 저렇지도 않으며, 그렇다고 말할 수도, 그렇지 않다고 말할 수도 없다."

— 전언(섹스투스 엠피리쿠스 전승)

피론은 존재가 무엇인지 규정하려 하지 않았다.

서로 다른 주장들은 끝없이 충돌하며, 어느 쪽도 완전하게 입증되지 않는다.

따라서 판단은 필연적으로 불안을 낳는다.

그가 제안한 해법은 답이 아니라 유보였다.

참과 거짓을 가르려는 시도를 멈출 때, 마음은 흔들림에서 벗어난다.

더 생각해보기

· 판단을 중지하는 것은 회피인가, 성찰인가?

· 확실하지 않은 것을 확정하려는 욕망은 어디서 오는가?

· 오늘날 우리는 어떤 문제 앞에서 '에포케'를 선택할 수 있는가?

엠피리쿠스 Sextus Empiricus, 2~3세기경

고대 회의주의를 체계화한 철학자이자 의사로, 피론의 태도를 논증과 방법의 형태로 정식화하였다.

- **아타락시아**Ataraxia | 흔들림 없는 평정. 판단 중지에서 비롯되는 마음의 고요.

- **트로포이**Tropoi | 판단을 중지로 이끄는 회의의 논증들. 인식의 상대성과 불확실성을 드러내는 방식들.

"회의주의는 고통없이 살아가려는 능력을 부여한다. 우리는 사물의 본성을 규정하려는 자들이 끝없는 충돌과 혼란에 빠져드는 것을 본다. 반면 우리는 사물에 대해 어떤 규정도 하지 않음으로써, 고요한 상태에 이른다."
— 『피론주의 개요』, 180~210

엠피리쿠스는 회의를 주장으로 만들지 않았다.

그는 회의를 연습 가능한 방법으로 제시했다.

감각과 이성, 관습과 학설은 서로를 반박하며 어느 하나로 수렴되지 않는다.

이때 회의는 결론이 아니라 과정이다.

주장을 주장으로 맞서는 대신, 동등한 반론을 제시해 판단을 멈춘다.

그 결과로 도달하는 것은 진리가 아니라 평정이다.

🔦 더 생각해보기

- 진리를 보류한 채 살아가는 것은 가능한가?

- 확신이 줄어들수록 삶은 가벼워지는가?

- 오늘날 우리는 어떤 영역에서 '트로포이'를 적용할 수 있는가?

나가르주나 Nagarjuna, 2~3세기경

대승불교의 사상가로, 존재를 실체가 아닌 관계와 연기로 파악하며 공(空)의 철학을 정식화했다.

- **공**Śūnyatā | 고정된 자성의 부재. 존재는 스스로 성립하지 않으며, 관계 속에서만 드러난다.

- **연기** Pratītyasamutpāda | 이것이 있으므로 저것이 있고, 이것이 사라지면 저것도 사라진다.

"공은 고정된 실체의 부정이지만, 존재의 가능성을 부정하지 않는다. 자성自性이란 존재할 수 없으며, 모든 것은 인연因緣에 의해 발생하고 소멸한다. 이것이 있으므로 저것이 있고, 이것이 없으면 저것이 없다."

—『중론』, 2~3세기경

나가르주나는 존재를 부정하지 않는다. 그는 실체로서의 존재를 부정한다.

어떤 것도 스스로 존재하지 않으며, 모든 것은 조건과 관계에 의존해 드러난다.

이때 공은 허무가 아니다.고정된 본질이 없다는 통찰이며, 바로 그 때문에 변화와 관계가 가능해진다.

존재란, 홀로 서 있는 것이 아니라 서로에게 기대어 드러나는 것이었다.

____

____

____

____

____

____

____

____

____

____

____

____

____

____

더 생각해보기

- 본질이 없다는 말은 무엇을 가능하게 하는가?

- 관계 속에서만 존재한다면, '나'는 어디에 있는가?

- 오늘날 우리는 무엇을 실체처럼 붙잡고 있는가?

혜능 慧能, 638~713

중국 선종의 육조로, 깨달음을 점진적 수행이 아닌 즉각적 자각의 문제로 전환하였다.

- **돈오**頓悟 | 한 순간에 깨닫는 앎. 수행의 축적이 아니라, 집착의 단절에서 열리는 자각.

- **무념**無念 | 생각이 없음이 아니라, 생각에 붙들리지 않음.

"菩提自性 本來淸淨 但用此心 直了成佛(보리자성 본래청정 단용차심 직료성불) — 깨달음의 본성[菩提自性]은 본래부터 맑고 깨끗하니[本來淸淨], 오직 이 마음[此心]을 그대로 쓰기만 하면[但用], 곧바로[直] 깨달아 부처를 이룬다[了成佛]."
—『육조단경』, 670~713경

혜능에게 공은 논증의 결과가 아니다. 공은 지금 이 자리에서 직접 자각되는 사실이다. 마음을 닦아 단계적으로 도달하는 것이 아니라, 이미 그러함을 알아차리는 것이 깨달음이다.

분별이 사라질 때 존재는 드러난다. 선악, 참과 거짓, 성과 속의 구분은 사유가 만든 경계일 뿐이다.

무념이란 아무것도 생각하지 않는 상태가 아니라, 어떤 생각에도 얽매이지 않는 자유다.

1부 | 존재와 참

더 생각해보기

- 깨달음은 과정인가, 사건인가?

- 분별을 멈춘다는 것은 무엇을 잃고 무엇을 얻는가?

- 오늘 우리는 무엇을 '단계적으로'만 얻을 수 있다고 믿고 있는가?

015

샹카라 Shankara, 788~820경

인도의 베단타 철학자로, 세계의 다양성을 궁극적 실재 하나로 환원하는
아드바이타(불이) 사상을 정식화했다.

- **마야**Māyā │ 하나인 실재(브라만)가 다수로 보이게 만드는 인식의
  조건, 즉 무지Avidyā의 작용이다.
- **브라만**Brahman │ 변하지 않는 궁극적 실재. 시간·공간·차이를
  초월한 하나.
- **아트만**Ātman │ 개별 자아의 참된 본성. 브라만과 동일한 실재.

"마야는 실체가 없지만, 무지한 자에게는 실재처럼 작용한다. 그
것은 브라만의 신비한 힘이며, 진리의 지식이 밝히기 전까지는 벗
어날 수 없 다. 진리의 횃불이 켜지면, 마야는 새벽의 어둠처럼 사
라진다."
─『브라흐마 수뜨라 주석』, 800경

샹카라에게 문제는 세계가 존재하는가가 아니라 어떻게 하나가 여럿처럼 보이는가
이다.
감각과 무지는 차이를 만들어내지만, 지성의 통찰은 그 차이가 겉모습임을 드러낸다.
앎은 새로운 것을 얻는 것이 아니라, 이미 동일함을 알아차리는 것이다.
존재란, 나뉘어 보일 뿐 하나로 남아 있는 것이었다.

- 차이는 실제인가, 인식의 결과인가?

- '나'와 '세계'를 가르는 경계는 어디에서 생기는가?

- 오늘날 우리는 어떤 분리를 전제로 사고하고 있는가?

016

주자 朱熹, 1130~1200

남송의 성리학자이자 유학의 체계를 재구성한 사상가로, 세계의 질서를 "이理와 기氣"의 구조로 설명하며 존재·인식·윤리를 하나의 틀로 통합했다.

- **이**理 | 만물을 관통하는 보편적 원리. 사물과 인간이 그러해야 할 근거.
- **기**氣 | 형성과 변화를 가능하게 하는 물질적 작용. 이理가 드러나는 구체적 방식.

"이는 하나이나, 그 드러남은 사물마다 다르다."
—『주자집주』, 1177~1190경

"사물의 이치를 바로잡아야 지식에 이르고, 지식에 이르면 뜻이 성실해지며, 뜻이 성실하면 마음이 바르게 된다."
—『대학장구大學章句』, 1177~1190경

주자에게 세계는 허상도, 단일 실재의 환영도 아니다.
모든 사물에는 공통의 이가 있으며, 그 이는 각기 다른 기를 통해 드러난다.
차이는 부정되지 않지만, 무질서로 흩어지지도 않는다.
앎은 초월로 도약하지 않는다. 일상의 사물과 행위 속에서 이의 작용을 하나씩 밝혀가는 과정이다.

 1부 | 존재와 참

- 보편성과 개별성은 어떻게 함께 성립하는가?

- 원리를 아는 것과 살아내는 것은 어떻게 연결되는가?

- 오늘 우리는 어떤 질서를 '자연스럽다'고 받아들이는가?

017

플로티노스 Plotinus 204~270

로마 제국 시대의 철학자로, 플라톤 사상을 계승·변형해 신플라톤주의를 정식화했으며 존재의 궁극적 근원을 일자 The One 로 사유했다.

- **일자** The One | 모든 존재와 사유를 초월하는 근원. 어떤 규정도 받지 않으며, 그 자체로 충만하다.
- **유출** Emanation | 일자에서 지성 Nous, 영혼 Psyche 으로 존재가 흘러나오는 질서.

"일자 안에 아무것도 없기 때문에, 오히려 모든 것이 그것으로부터 비롯된다. 그것은 형상을 가지지 않기에 모든 것에 형상을 부여한다. 그것은 존재하지 않기에 모든 존재에게 존재를 부여한다."
—『엔네아데스』, 253~270

플로티노스에게 모든 것은 하나의 근원에서 흘러나온다.

세계의 다양성은 결핍이 아니라 유출의 결과다.

지성은 일자를 관조하고, 영혼은 지성을 본받아 세계를 질서 짓는다.

이성의 과제는 설명이 아니라 회귀다.

존재란, 근원으로부터 흘러나와 다시 근원을 향해 돌아가는 운동이었다.

 1부 | 존재와 참

- 설명될 수 없는 근원을 사유할 수 있는가?

- 이성은 세계를 분석하는가, 근원으로 향하는가?

- 오늘날 우리는 무엇을 '일자'처럼 전제하고 사고하는가?

018

아우구스티누스 Aurelius Augustinus, 354~430

초기 기독교의 사상가로, 플라톤 전통을 기독교 신앙과 결합해 신앙 안에서 이성이 이해에 이른다는 길을 정식화했다.

- **조명설** Illuminatio │ 인간의 이성은 신의 빛에 의해 진리 인식한다.
- **신앙과 이해** Fides et Intellectus │ 믿음이 이해를 앞서며, 이해는 믿음을 깊게 한다.

"주님이시여, 당신은 과거를 지나쳐 달려가지 않으며, 현재를 따라 흐르지도 않으십니다. 당신은 언제나 어디서나 완전히 현존하시며, 영원하신 당신만이 참된 '지금'을 아십니다."
— 『고백록』, 397~400경

아우구스티누스에게 진리는 외부 사물에 있지 않다.

진리는 내면에서 발견되며, 그 내면을 밝히는 것은 인간의 이성이 아니라 신의 빛이다.

이성은 자율적 근원이 아니라, 신앙 안에서 올바로 작동한다.

시간과 변화의 세계는 불안정하지만, 신은 변하지 않는다.

앎은 세계를 떠나 신을 향해 상승할 때 완성된다.

존재란, 신 안에서만 온전히 이해될 수 있는 것이었다.

- 이해는 믿음 없이 가능한가?
- 내면으로 향하는 사유는 무엇을 발견하게 하는가?
- 오늘날 우리는 어떤 '빛'에 의해 확신을 얻고 있는가?

019

이븐 시나 Ibn Sīnā, 980~1037

이슬람 세계의 철학자이자 의사로, 아리스토텔레스 철학을 계승·정교화하며 존재의 구조를 이성과 신앙의 조화 속에서 재구성했다.

- **필연적 존재**Necessary Existent │ 그 자체로 존재해야만 하는 것. 모든 가능적 존재의 근거.
- **가능적 존재**Contingent Being │ 존재할 수도, 존재하지 않을 수도 있는 것. 원인에 의존해 존재한다.

"필연적 존재란 본질이 곧 존재 자체인 존재이다. 그는 단일하며, 복수성이 없고, 어떠한 원인도 갖지 않는다. 존재하는 모든 우연적인 것은 이 필연적 존재로부터 존재하게 된다."
―『치유의 서』, 1027

이븐 시나는 존재를 둘로 나눈다.

스스로 존재해야 하는 필연적 존재와, 원인에 의해 존재하는 가능적 존재다.

세계는 가능적 존재로 이루어져 있으며, 그 연쇄는 필연적 존재를 전제하지 않으면 성립하지 않는다.

존재란, 가능성과 필연의 구분 속에서 질서를 갖는 것이었다.

더 생각해보기

- 모든 것이 가능적이라면, 세계는 어떻게 성립하는가?

- 신은 믿음의 대상인가, 이성의 결론인가?

- 오늘 우리는 어떤 것을 '필연적 전제'로 사고하고 있는가?

020

오컴 William of Ockham, 1287~1347

중세 말기의 철학자이자 신학자로, 이성과 신앙의 영역을 분리하고 존재 설명의 최소 원칙을 제시하였다.

- **개체성**Individuality ｜ 보편자는 사물 안에 실재하지 않으며, 오직 개별자만이 실제로 존재한다.
- **오컴의 면도날**Ockham's Razor ｜ 필요 없는 존재자를 가정하지 말라. 설명은 가능한 한 단순해야 한다.

"필요하지 않은 복수성은 결코 가정되어서는 안 된다. 하나의 결과가 하나의 원인으로 충분히 설명될 수 있다면, 더 많은 원인을 설정해서는 안 된다. 우리는 필요 이상의 존재자들을 가정해서는 안 된다."
— 『논리학 대전』, 1323~1325

보편적 본질이나 형상은 사물 밖에 존재하지 않는다. 존재하는 것은 언제나 개별적인 것뿐이다.

설명은 최소한의 가정으로 충분해야 한다. 이성은 절제될 때 가장 강력해진다.

오컴은 이성이 신을 증명해야 한다는 요구를 거부했다. 신앙은 신앙의 문제이며, 이성은 세계를 설명하는 도구다. 두 영역은 섞일수록 혼란을 낳는다.

이로써 중세의 종합은 해체되고, 근대적 사유의 문이 열린다.

더 생각해보기

- 단순한 설명은 언제 충분한가?

- 이성과 신앙을 분리하는 것은 해방인가 단절인가?

- 오늘날 우리는 무엇을 불필요하게 가정하고 있는가?

021

갈릴레이Galileo Galilei, 1564~1642

근대 과학의 출발점에 선 사상가로, 자연을 신앙이나 권위가 아니라 수학적 법칙과 실험으로 이해해야 한다고 주장했다.

- **관찰**Observation │ 자연이 스스로 제공하는 증언. 권위나 전통보다 우선하는 진리의 근거.

"나는 망원경으로 그것을 보았고, 그 증거를 제공했다. 그러나 사람들은 아무것도 보지 않고 그것을 믿지 않았다. 그들은 책 속의 권위를 믿지만, 자연의 증언을 믿지 않았다."
─『두 가지 세계 체계에 관한 대화』, 1632

갈릴레이에게 진리는 자연 그 자체가 보여주는 것에 있다.

자연은 목적을 말하지 않으며, 의미를 해석해주지도 않는다. 다만 측정되고 계산될 뿐이다.

존재는 하나의 중심에서 관찰되지 않으며, 관찰자의 조건 속에서 상대적으로 드러난다.

존재란, 보이는 방식에 따라 다르게 드러나는 구조였다.

더 생각해보기

- 관찰하지 않은 것을 믿는다는 것은 무엇을 의미하는가?
- 수학으로 설명되지 않는 세계는 배제되어야 하는가?
- 오늘날 우리는 어떤 '관점' 안에서 세계를 보고 있는가?

022

뉴턴Isaac Newton, 1643~1727

영국의 물리학자이자 수학자로, 자연 현상을 하나의 보편 법칙으로 통합하며 근대 과학의 세계관을 결정적으로 완성하였다.

- **만유인력**Universal Gravitation │ 모든 물체는 서로를 끌어당긴다. 천상과 지상을 관통하는 단 하나의 법칙.
- **절대 공간 · 절대 시간** │ 운동과 변화가 측정되는 보편적 기준. 자연 현상과 독립적으로 존재하는 틀.

"자연은 단순하고, 그것의 법칙들도 단순하다. 우리는 같은 효과가 항상 같은 원인에서 비롯된다고 간주해야 한다. 그리고 보편적 자연 법칙들은 언제나 경험적으로 검증 가능해야 하며, 수학적으로 표현될 수 있어야 한다."

─『프린키피아』, 1687

뉴턴은 갈릴레이가 연 관찰과 실험의 길을 수학적 체계로 완성했다.

자연은 부분적 규칙의 집합이 아니라, 보편적으로 적용되는 법칙의 질서다.

천상과 지상은 동일한 법칙에 의해 지배된다. 자연은 하나의 거대한 기계이며, 그 운동은 정확히 계산될 수 있다.

존재는 목적이나 의미가 아니라, 법칙과 수식으로 설명된다.

세계는 예측 가능한 구조가 되었고, 자연 인식은 확실성에 도달한 듯 보였다.

 1부 │ 존재와 참

더 생각해보기

- 하나의 법칙으로 세계를 설명할 수 있는가?

- 절대적 시간과 공간은 정말 존재하는가?

- 완전히 설명된 세계에서 자유는 어떤 의미를 갖는가?

023

베이컨 Francis Bacon, 1561~1626

영국의 철학자이자 정치가로, 중세적 학문 전통을 비판하고 **경험과 귀납에 기초한 새로운 과학 방법**을 제시하였다.

- **귀납법** Induction │ 개별적 경험과 관찰로부터 일반 법칙에 이르는 탐구 방법.

- **우상** Idola │ 인간의 인식을 왜곡하는 선입견과 오류의 유형들(종족·동굴·시장·극장의 우상).

"인간의 정신은 스스로의 선입견을 옳다고 믿기 쉽다. 인간은 자연보다 자신의 상상력에 더 쉽게 이끌린다. 따라서 자연을 진실되게 이해하려면 우선 마음속의 우상들을 제거해야 한다."
─『신기관』, 1620

베이컨에게 문제는 세계가 아니라 인간의 인식이었다.

자연은 스스로를 숨기지 않지만, 인간은 편견과 전통, 언어와 권위에 사로잡혀 자연을 제대로 보지 못한다.

잘못된 관념들, 곧 우상들을 제거하지 않는 한, 관찰은 곧바로 오류로 굳어진다.

베이컨이 제안한 새로운 학문은 사변이 아니라 축적된 경험에서 출발한다.

존재란, 미리 규정된 본질이 아니라 경험 속에서 점차 밝혀지는 것이었다.

더 생각해보기

- 우리는 무엇을 보고 있다고 믿고 있는가?
- 관찰 이전에 이미 개입된 전제는 없는가?
- 오늘날 우리의 '우상'은 어떤 형태를 띠고 있는가?

024

데카르트 René Descartes, 1596~1650

근대 철학의 출발점에 선 사상가로, 의심을 극대화해 **확실한 인식의 토대**를 주체 안에서 발견했다.

- **방법적 회의** Methodic Doubt ｜ 의심할 수 있는 모든 것을 의심함으로써 의심 불가능한 확실성을 찾는 방법.
- **코기토** Cogito ｜ 의심하는 지금 이 순간의 사유가 곧 나의 존재를 증명한다는 명제.

"나는 생각한다. 고로 존재한다. 나는 이 명제가 진실이라고 확신했다. 의심하고, 속고 있는 바로 그 순간에도 나는 의심하는 존재, 생각하는 존재로서 존재하고 있다는 것을 부정할 수 없기 때문이다."

─『제일철학에 관한 성찰』, 1641

데카르트에게 문제는 세계가 아니라 확실성이다. 감각은 속일 수 있고, 전통은 오류일 수 있다. 그러나 의심하는 사유 자체는 부정될 수 없다.

이로써 인식의 출발점은 외부가 아니라 주체가 된다. 확실한 것은 생각하는 나이며, 세계는 이 주체가 명료하고 판명하게 인식할 때 비로소 확정된다.

존재란, 의심을 통과한 뒤에 주체 앞에 놓이는 것이었다.

더 생각해보기

- 의심은 파괴인가, 토대인가?
- 확실성의 기준을 주체에 두는 것은 무엇을 가능하게 하는가?
- 오늘날 우리는 어떤 것을 '의심 불가능'하다고 전제하는가?

025

스피노자 Baruch Spinoza, 1632~1677

근대 합리론의 사상가로, 신·자연·존재를 분리하지 않고 하나의 실체로 사유하였다.

- **실체**Substantia │ 자기 원인으로 존재하는 것. 오직 하나만 존재.

- **신이자 자연**Deus sive Natura │ 신은 자연이며, 자연은 신이다. 초월 적 인격이 아니라 필연적 질서.

"행위의 원인을 알지 못할 때, 사람들은 자신이 자유롭다고 생각 한다. 그러나 그것은 그들이 자기 행위의 원인을 의식하지 못할 뿐, 그것이 외부 원인에 의하여 필연적으로 결정된 것임을 모른 다. 따라서 자유란 필연성의 인식이며, 그것에 대한 이해로부터 비롯된다."
―『윤리학』, 1677

스피노자는 두 세계를 허락하지 않는다. 정신과 물질, 신과 자연은 분리되지 않는다.

존재는 하나의 실체이며, 사유와 연장은 그 실체의 서로 다른 양태다.

이 세계에는 우연이 없다. 모든 것은 필연적으로 그렇게 된다.

자유는 선택의 여지가 아니라, 필연의 인식을 통해 정념에서 벗어나는 것이다.

존재는 자신의 본성에 따라 필연적으로 전개된다.

더 생각해보기

· 신과 자연을 동일시하면 무엇이 달라지는가?

· 필연의 세계에서 자유는 어떻게 가능한가?

· 오늘날 우리는 어떤 질서를 '자연스럽다'고 받아들이는가?

026

라이프니츠 Gottfried Wilhelm Leibniz, 1646~1716

근대 합리론의 사상가로, 세계의 다양성을 단순한 실체들의 질서와 조화로 설명한다.

- **모나드**Monad │ 연장도 분할도 없는 단순 실체. 각각이 세계 전체를 자기 방식으로 반영한다.

- **예정조화**Harmonia Praestabilita │ 실체들 사이의 인과적 상호작용 없이도 세계가 질서 있게 맞물리도록 미리 설정된 조화.

"모든 단자monad는 하나의 거울과도 같다. 그 거울은 우주 전체를 반영하지만, 각자의 시점과 관점에서 그렇게 한다."
—『모나드론』, 1714

라이프니츠에게 세계는 하나이면서 여럿이다. 모나드는 서로 영향을 주고받지 않지만, 각각의 내적 전개가 서로 완벽히 조응한다.

질서는 외부의 밀침이 아니라, 내부의 원리에 의해 전개된다.

존재란, 각자의 관점에서 하나의 세계를 반영하는 것이었다.

더 생각해보기

- 상호작용 없는 조화는 이해 가능한가?
- '가장 좋은 세계'라는 말은 무엇을 정당화하는가?
- 오늘날 우리는 어떤 이유를 '충분하다'고 받아들이는가?

027

버클리 George Berkeley, 1685~1753

아일랜드의 철학자이자 주교로, 물질적 실체를 부정하고 지각되는 것만이
존재한다는 비물질론을 제시했다.

- **존재=지각**Esse est percipi ｜ 존재한다는 것은 지각된다는 것이다.
- **신의 언어**Language of God ｜ 자연의 규칙적 지각들은 신이 인간에게
  의미를 전달하기 위해 사용하는 기호 체계.

"존재하는 것은 지각되는 것이다. 모든 사물은 우리가 지각할 때
에만 존재한다. 그것이 인간에 의해 지각되지 않을 때는 신의 정
신 속에 지각되고 있기 때문에 계속 존재한다."
—『인간 지식의 원리』, 1710

버클리는 물질을 가정할 이유를 묻는다. 우리가 아는 것은 색·소리·촉감 같은 지각
내용뿐이며, 지각과 분리된 물질 실체는 경험되지 않는다. 따라서 물질은 불필요한
가정이다.

그러나 세계는 임의로 사라지지 않는다. 인간이 보지 않을 때에도 사물은 지속된다.
그 이유는 모든 것이 항상 지각하는 정신, 곧 신의 지각 안에 있기 때문이다.
자연의 규칙성은 물질의 힘이 아니라, 신적 질서의 안정성에서 나온다.

더 생각해보기

- 지각되지 않는 것은 존재하지 않는가?

- 물질을 제거하면 세계는 더 단순해지는가?

- 오늘날 우리는 무엇을 '독립적으로 존재한다'고 가정하는가?

028

칸트 Immanuel Kant, 1724~1804

근대 철학의 전환점에 선 사상가로, 경험의 가능 조건을 탐구하여 인식의 구조를 비판적으로 정식화했다.

- **선험적 조건**A priori ｜ 경험에 앞서 이미 주어져 있는 인식의 형식.

- **현상 / 물자체**Phenomenon / Noumenon ｜ 우리가 인식하는 것은 현상이며, 물자체는 인식될 수 없다.

"개념은 직관이 없으면 공허하고, 직관은 개념이 없으면 맹목적이다. 즉, 개념은 오직 직관을 통해서만 구체적인 대상을 가질 수 있고, 직관은 개념 없이는 어떤 통일된 의미도 가질 수 없다. 판단은 감성과 오성, 이 두 인식 능력의 협력이 전제된다. 둘이 함께 작용할 때에만 진정한 인식이 이루어진다."
—『순수이성비판』, 1781

우리는 어떻게 경험하는가? 경험은 대상이 주어져서 성립하는 것이 아니라, 주체의 인식 형식 안에서만 가능하다.

시간과 공간은 사물의 속성이 아니라 주체의 감성 형식이다.

인과성, 실체성 같은 범주는 경험을 질서 있게 만드는 이성의 규칙이다.

따라서 과학의 확실성은 대상이 아니라 주체의 선험적 구조에서 나온다.

더 생각해보기

- 세계는 발견되는가, 구성되는가?
- 인식의 조건을 아는 것은 무엇을 가능하게 하는가?
- 오늘날 우리는 어떤 전제를 '경험 이전'에 놓고 있는가?

029

헤겔 Georg Wilhelm Friedrich Hegel, 1770~1831

근대 철학의 전환점에 선 사상가로, 경험의 가능 조건을 탐구하여 인식의 구조를 비판적으로 정식화했다.

- **정신**Geist │ 자기 자신을 인식하며 전개되는 이성의 운동.
- **변증법**Dialectic │ 대립과 부정을 통해 더 높은 통일로 나아가는 사유의 운동.

"자기의식은 자기 자신이 되기 위하여 타자와 마주쳐야 한다. 그것은 단지 자기 자신의 내면에 머무름으로써가 아니라, 외부의 타자와의 관계 속에서 자신을 매개하여야 한다. 그리고 이 관계는 단순한 인식이 아니라, 살아 있는 욕망과 실천, 투쟁을 통해 성립된다."

─『정신현상학』, 1807

헤겔에게 이성은 스스로의 한계를 역사 속에서 극복한다. 주체와 객체, 사유와 존재의 분리는 정신이 자기 자신을 알기까지의 과정적 국면이다.

정신은 정지하지 않는다. 부정과 갈등을 통해 스스로를 드러내고, 그 대립을 보존한 채 더 높은 통일로 나아간다.

존재란, 정신이 스스로를 아는 과정 그 자체였다.

더 생각해보기

· 진리는 완성된 결과인가, 전개되는 과정인가?

· 갈등과 부정은 오류인가, 발전의 조건인가?

· 오늘날 우리는 어떤 역사적 국면 속에 서 있는가?

030

마르크스 Karl Marx, 1818~1883

독일의 철학자이자 경제학자로, 역사와 사회의 운동을 물질적 생산 관계와 계급 투쟁으로 해명하였다.

- **역사유물론**Historical Materialism │ 사회 구조와 의식은 물질적 생산 관계에 의해 규정된다.
- **계급 투쟁**Class Struggle │ 역사는 계급 간 이해관계의 충돌로 전개된다.

"철학자들은 세상을 단지 해석해 왔을 뿐이다. 중요한 것은 그것을 변화시키는 것이다. 인간의 본질은 추상적인 개체성에 있는 것이 아니라, 그가 맺는 사회적 관계 전체 속에 있다. 인간은 자신을 바꾸는 동시에 자연과 사회를 변화시킨다."
─『포이에르바하에 대한 테제』, 1845

마르크스는 헤겔의 변증법을 거꾸로 세운다.

정신이 역사를 움직이는 것이 아니라, 물질적 삶의 조건이 사유와 제도를 규정한다.

의식은 자율적 근원이 아니라, 생산과 분배의 구조 위에서 형성된다.

변증법은 해석의 도구가 아니라, 변혁의 이론이 된다.

존재는 관조의 대상이 아니다. 존재는 실천 속에서 형성된다.

 1부│존재와 참

- 의식은 물질적 조건을 바꿀 수 있는가, 물질적 조건에 종속되는가?
- 사회 구조는 자연적인가, 역사적인가?
- 오늘날 우리의 노동은 무엇을 만들어내고 있는가?

031

셸링 Friedrich Wilhelm Joseph Schelling, 1775~1854

독일 관념론 사상가로, 자연과 정신을 분리하지 않고 하나의 근원에서 전개되는 동일한 과정으로 사유하였다.

- **생성**Werden │ 존재는 고정된 실체가 아니라, 스스로를 산출하는 과정
- **근거**Grund / **힘**Kraft │ 생성이 솟아오르는 비합리적 · 전前개념적 원천

"존재는 단순히 있다기보다는, 스스로를 산출하는 행위이다. 생성은 존재의 본질이며, 존재는 자기 내면의 필연성에 따라 자신을 나타낸다. 존재란 무엇인가를 묻는 것은, 곧 생성이 어떻게 가능한지를 묻는 것이다."

—『인간 자유의 본질에 관한 철학적 탐구』, 180

셸링에게 자연은 자기 자신을 형성하며, 점차 의식으로 나아가는 생성의 운동이다. 정신은 자연의 부정이 아니라, 자연이 스스로를 인식하는 단계다.

존재의 근원에는 설명될 수 없는 어둠이 있으며, 이 어둠에서 창조와 자유가 솟아난다. 존재는 완결된 체계가 아니다. 존재는 여전히 생성 중이며, 자연 · 예술 · 신화 속에서 스스로를 드러낸다.

- 자연은 대상인가, 생성의 주체인가?

- 체계로 포섭되지 않는 자유는 어디에 남는가?

- 오늘날 우리는 자연을 어떻게 사유하고 있는가?

032

베르그송 Henri Bergson, 1859~1941

프랑스의 철학자로, 지속과 직관을 통해 생명의 내적 운동을 사유했다.

- **지속**Durée │ 측정 가능한 시간 이전의 살아 있는 시간.

- **엘랑 비탈**Élan vital │ 생명을 밀어 올리는 창조적 충동. 기계적 인
  과로 환원되지 않는 생성의 힘.

"실재는 끊임없이 생성되고 있다. 그것은 고정된 것이 아니라, 창
조적 흐름이며, 예측할 수 없는 방향으로 나아간다. 지성은 이 흐
름을 잘라 낸 조각들로 이해하려 하지만, 그렇게 구성된 세계는 죽
은 모형에 불과하다. 오직 직관만이 이 생성의 리듬을 따라가며,
존재의 본질에 직접적으로 닿을 수 있다."
─『시간에 대한 이해의 역사』, 1903

베르그송에게 문제는 시간이 아니다. 시간을 대하는 우리의 방식이다.

과학은 시간을 수량으로 나누고, 사유는 흐름을 고정한다.

세계는 완성된 구조가 아니다. 세계는 매 순간 새롭게 만들어지고 있다.

존재란, 측정될 수 없는 시간 속에서 끊임없이 생성되는 것이었다.

더 생각해보기

- 우리는 시간을 흐름으로 살고 있는가, 단위로 계산하는가?
- 직관은 비과학적인가, 다른 방식의 정확성인가?
- 오늘의 삶에서 '지속'은 어디에서 끊어지고 있는가?

033

화이트헤드 Alfred North Whitehead, 1861~1947

영국의 수학자이자 철학자로, 존재를 고정된 실체가 아니라 사건과 생성의 과정으로 재사유한 과정철학의 창시자다.

- **과정** Process │ 존재는 완성된 상태가 아니라, 끊임없이 전개되는 사건들의 흐름이다.
- **잠재성** Potentiality │ 아직 실현되지 않았지만 언제나 새로운 생성으로 나아갈 수 있는 가능성.

"실제 세계는 하나의 과정이며, 이 과정은 실제적 존재들의 생성이다. 존재의 본성은 '생성의 잠재성'으로 있는 것이다. 이것이 바로 '과정의 원리'이다.
―『과정과 실제』, 1929

존재는 항상 되고 있는 것이다. 세계는 고정된 실체들의 집합이 아니라, 사건들이 서로를 받아들이며 이어지는 과정이다.

실제적 존재는 지속되지 않는다. 그것은 성립하는 순간 곧 소멸하고, 그 결과는 다음 생성의 조건이 된다. 따라서 존재의 본성은 안정이 아니라 창발이다.

세계는 반복되지 않는다. 매 순간의 생성은 단 한 번뿐이며, 존재는 언제나 새롭게 구성되는 가능성 속에 있다.

- '정체성'과 '과정'은 이해 가능한가?

- 변화는 본질을 잃는 것인가, 존재의 방식 그 자체인가?

- 지금 이 순간의 나는, 어제의 나와 같은 존재라고 말할 수 있는가?

034

퍼스 Charles Sanders Peirce, 1839~1914

미국의 철학자이자 논리학자로, 진리를 개인의 확신이 아니라 탐구하는
공동체의 장기적 합의로 이해한 프래그머티즘의 창시자다.

- **가설 – 검증**Fallibilism | 모든 믿음은 오류 가능성을 지니며, 언제든
  수정될 수 있다.

- **진리**Truth | 지금 옳다고 믿는 것이 아니라, 끝까지 탐구가 계속된
  다면 도달하게 될 합의.

"과학의 방법은 탐구자 공동체의 방법이다. 개인은 오류에 빠질
수 있지만, 공동체는 결국 진리에 가까워진다. 왜냐하면 진리란,
탐구에 참여한 모든 이들이 궁극적으로 동의하게 될 운명의 견해
이기 때문이다."
— 『신념의 고정』, 1877

퍼스에게 문제는 "무엇이 참인가?"가 아니라, "우리는 어떻게 참에 가까워지는가?"
이다.

개인은 감정·습관·이해관계로 인해 쉽게 오류에 빠진다.

그러나 탐구가 공개되고, 비판과 검증이 반복되며, 세대가 교체되는 공동체 안에서는
잘못된 믿음이 점차 제거된다.

진리는 지금의 확신이 아니다. 진리는 과정의 끝에 놓인 한계값이다.

　　　　　　1부 | 존재와 참

더 생각해보기

· 나는 진리를 '확신'으로 이해하고 있는가, '과정'으로 이해하고 있는가?

· 나의 믿음은 누구와 어떤 방식으로 검증되고 있는가?

· 오늘날 우리의 탐구 공동체는 진리에 가까워지고 있는가?

035

제임스 William James, 1842~1910

미국의 철학자이자 심리학자로, 진리를 고정된 대응이 아니라 삶 속에서 작동하는 결과로 이해하였다.

- **실천적 진리**Pragmatic Truth | 현실에서 작동하며 삶을 앞으로 나아 가게 하는 믿음.

- **행동**Action | 진리는 관조 속에 머물지 않고, 선택과 행위를 통해 드러난다.

"우리가 진리의 존재를 믿고 그것이 중요하다고 여긴다면, 우리는 증거가 불충분한 경우에도 믿음을 바탕으로 행동할 준비가 되어 있어야 한다. 왜냐하면 어떤 종류의 진리는 그런 믿음을 통해서만 다가올 수 있기 때문이다."
—『신념의 의지』, 1897

제임스에게 진리는 선택 속에서 시험된다.
어떤 진리는 믿음이 선행될 때만 모습을 드러낸다. 진리는 발견되는 대상이 아니라,
행동 속에서 점차 실현되는 관계다.
진리는 고정된 기준이 아니다. 진리는 삶을 움직이게 하는 힘이다.
진리란, 작동하지 않으면 의미를 갖지 않는 것이었다.

____

____

____

____

____

____

____

____

____

____

____

____

____

____

더 생각해보기

· 나는 증거가 충분할 때만 행동하는가, 아니면 행동을 통해 증거를 만들어가는가?

· 믿지 않음은 언제 책임 있는 선택이 되는가?

· 오늘의 나를 움직이게 하는 믿음은 무엇인가?

 **로티** Richard Rorty, 1931~2007

미국의 철학자로, 진리를 객관적 본질이 아니라 대화·언어·연대 속에서 형성되는 것으로 재정의한 신프래그머티즘의 대표 사상가다.

- **반본질주의**Anti-essentialism │ 사물이나 인간에게 고정된 본질은 없으며, 의미는 사용과 맥락 속에서 형성된다.
- **연대**Solidarity │ 진리에 대한 합의가 아니라, 고통을 줄이려는 공감과 협력의 관계.

"나는 어떤 것도 '고유한 본질'을 가지고 있다고 믿지 않는다. 잘 논증하는 능력보다, 다르게 말할 줄 아는 능력이 문화 변화를 이끄는 가장 중요한 도구라고 생각한다."
─『우연성, 아이러니, 연대성』, 1989

로티에게 진리는 발견의 대상이 아니다. 진리는 언어가 바뀌면서 함께 이동한다.
철학의 과제는 토대를 세우는 일이 아니라, 대화를 계속 가능하게 만드는 것이다.
진리는 합의의 결과가 아니라, 연대의 효과다.
진리란, 더 많은 사람과 함께 말할 수 있게 만드는 언어의 변화였다.

____

____

____

____

____

____

____

____

____

____

____

____

____

____

____

____

더 생각해보기

- 나는 진리를 '맞고 틀림'의 문제로만 이해하고 있는가?

- 설득은 논증인가, 새로운 말하기인가?

- 오늘날 우리 사회는 연대를 확장하는 언어를 사용하고 있는가?

037

러셀 Bertrand Russell, 1872~1970

영국의 철학자이자 논리학자로, 언어의 구조를 분석해 참과 거짓이 성립하는 조건을 명확히 하려 한 분석철학의 핵심 인물이다.

- **직접 지식** Knowledge by Acquaintance | 감각·의식·논리적 대상처럼 우리가 곧바로 '알고 있는' 것.
- **기술 지식** Knowledge by Description | 직접 알지 못하는 대상을 언어적 기술을 통해 간접적으로 아는 방식.

"우리가 이해할 수 있는 명제는 우리가 직접 아는 구성 요소들로 이루어져야 한다. 기술된 지식이란 우리가 기술된 대상을 지칭할 수 있게 해주는 어떤 직접적인 인식을 전제로 할 때에만 가능하다."
―『철학의 문제들』, 1912

러셀에게 문제는 우리가 무엇을 말하고 있는가가 아니라, 우리가 어떻게 의미 있게 말할 수 있는가다.

의미 있는 말은 결국 우리가 직접 알고 있는 요소들에 닿아 있어야 한다.

기술은 그 자체로 지식을 보장하지 않는다. 기술은 언제나 직접 인식에 의존한다.

진리란, 언어가 직접 인식과 정확히 맞닿는 지점에서 성립하는 것이었다.

- 내가 사용하는 말들은 무엇에 근거해 이해되고 있는가?

- '안다'는 말은 언제 직접 지식이 되고, 언제 기술 지식이 되는가?

- 오늘날 우리는 기술만으로 너무 많은 것을 안다고 믿고 있지는 않은가?

038

비트겐슈타인 Ludwig Wittgenstein, 1889~1951

오스트리아 출신의 철학자로, 언어를 세계의 거울이 아니라 삶 속에서 사용되는 행위로 재정의하며 언어·의미·사고의 관계를 근본적으로 전환시켰다.

- **언어 게임**Language Game │ 말하기는 규칙을 따르는 활동이며, 의미는 그 활동 속에서 생겨난다.
- **생활양식**Form of Life │ 언어가 뿌리내리고 작동하는 공동의 삶의 방식과 관습의 총체.

"단어의 의미는 그것이 사용되는 방식, 즉 그 언어가 속한 '언어 게임' 안에서의 역할에 의해 결정된다. 언어를 이해한다는 것은 그 언어를 사용하는 삶의 형태, 즉 '생활양식Form of Life'을 이해하는 것이다. 언어의 규칙은 고정된 것이 아니라, 인간의 행위, 문화, 관습 속에서 살아 있다."

—『철학의 문제들』, 1912

비트겐슈타인에게 언어는 사고를 담는 그릇이 아니라 사고가 이루어지는 장이다.

언어의 의미는 사전에 있지 않고, 그 언어가 어떻게 쓰이는가에 있다.

의미는 개인의 머릿속에 있지 않으며, 공동의 행위 속에서 유지된다. 따라서 의미는 고정되지 않고, 삶의 변화와 함께 이동한다.

- 나는 의미를 정의에서 찾고 있는가, 사용에서 찾고 있는가?
- 다른 사람의 말을 이해하지 못할 때, 문제는 단어인가 삶의 방식인가?
- 오늘날 우리의 언어 게임은 어떤 생활양식을 전제하고 있는가?

039

아인슈타인 Albert Einstein, 1879~1955

독일 태생의 이론물리학자로, 시간과 공간을 분리된 배경이 아니라 물질과 상호작용하는 하나의 구조로 재정의했다.

- **시공간**Spacetime │ 시간과 공간은 분리된 무대가 아니라, 하나로 결합된 물리적 구조다.

- **곡률**Curvature │ 중력은 힘이 아니라, 시공간이 휘어진 기하학적 성질이다.

"$$R_{\mu\nu} - \frac{1}{2}Rg_{\mu\nu} + Ag_{\mu\nu} = \frac{8\pi G}{c^4}T_{\mu\nu}$$

물질(에너지)은 시공간을 휘게 만들고,

휘어진 시공간은 물질의 운동을 결정한다."

—『일반상대성이론』, 1915

아인슈타인에게 시간과 공간은 스스로 작동하는 대상이 아니라, 물질과 함께 형성되고 변형되는 관계다.

중력은 외부에서 작용하는 힘이 아니다. 중력은 시공간의 구조 자체다. 질량과 에너지가 클수록 시공간은 더 깊이 휘어지고, 그 휘어짐을 따라 물질은 움직인다.

세계는 하나의 고정된 무대가 아니라, 사건들과 함께 동적으로 구성되는 장이다.

존재는 시공간 안에서 서로를 규정하며 일어나는 사건이다.

더 생각해보기

- 시간은 흐르는 것인가, 구조를 이루는 것인가?

- 우리가 '지금'이라고 부르는 순간은 누구에게나 같은가?

- 세계를 고정된 배경으로 상정하는 사고는 무엇을 놓치게 하는가?

040

하이젠베르크 Werner Heisenberg, 1901~1976

독일 태생의 이론물리학자로, 시간과 공간을 분리된 배경이 아니라 물질과 상호작용하는 하나의 구조로 재정의했다.

- **불확정성 원리**Uncertainty Principle │ 위치와 운동량은 동시에 임의의 정밀도로 결정될 수 없다. 측정 자체가 대상의 상태에 개입한다.

- **관측**Observation │ 사실을 단순히 드러내는 행위가 아니라, 가능성 중 하나를 현실로 전환하는 사건.

"우리가 관찰하는 것은 자연 그 자체가 아니라, 우리가 질문하는 방식에 따라 드러난 자연이다. 원자나 기본 입자는 그 자체로 실재하는 것이 아니며, 사물이나 사실의 세계가 아닌, 가능성들의 세계를 형성한다. '가능한 것'이 '실제적인 것'으로 전환되는 순간은 관측이 이루어지는 행위에서 발생한다."
—『물리와 철학』, 1958

하이젠베르크에게 자연은 질문과 측정이 가해질 때 특정한 모습으로 응답한다. 존재는 사물처럼 '있는 것'이 아니라, 사건이 일어날 수 있는 가능성의 구조다. 관측은 이 가능성들을 하나의 실제 상태로 수렴시킨다. 따라서 관찰자는 외부의 기록자가 아니라, 자연 현상의 공동 구성자가 된다.

더 생각해보기

- 관측은 발견인가, 개입인가?
- 질문의 방식이 결과를 바꾼다면, 객관성은 무엇을 의미하는가?
- 오늘날 우리는 어떤 전제를 가진 질문으로 세계를 측정하고 있는가?

041

괴델 Kurt Gödel, 1906~1978

오스트리아 태생의 논리학자로, 형식적 체계의 한계를 증명함으로써 완전하고 자기충족적인 이성의 꿈을 근본에서 흔들었다.

- **불완전성 정리**Incompleteness Theorem │ 충분히 강력한 형식 체계는 참인 모든 명제를 스스로 증명할 수 없다.
- **형식 체계**Formal System │ 공리와 규칙으로 구성된 논리적 구조. 산술을 포함하는 체계는 본질적 한계를 갖는다.

"어떤 체계 안에는, 그 체계 안에서 증명할 수 없는 참인 명제가 있다."
─『형식 체계에서 결정할 수 없는 명제들에 관하여』, 1931

괴델은 묻는다. 이성은 스스로의 정당성을 완전히 확보할 수 있는가?

그의 답은 명확하다. 어떤 체계도 자기 자신을 전부 설명할 수는 없다.

체계 안에는 분명 참이지만, 그 체계의 규칙으로는 도달할 수 없는 명제가 존재한다.

참과 증명은 일치하지 않는다. 의미는 언제나 규칙을 넘어선다.

이성은 전능하지 않으며, 항상 자기 바깥을 전제한다. 체계는 닫힐수록, 자신의 한계를 더 또렷이 드러낸다.

존재는 완전한 구조로 포획될 수 없다. 이해는 언제나 열린 채로 남는다.

더 생각해보기

- 참과 증명이 일치하지 않는다면, 우리는 무엇을 믿는가?

- 하나의 체계로 모든 것을 설명하려는 시도는 왜 반복되는가?

- 오늘날 우리가 의존하는 체계들은 어떤 '증명 불가능한 참'을 전제하고 있는가?

042

카르납 Rudolf Carnap, 1891~1970

독일 태생의 철학자이자 논리학자로, 철학의 과제를 실재 탐구가 아니라 언어의 논리적 분석으로 재정의한 논리실증주의의 핵심 인물이다.

- **검증**Verifiability | 경험적으로 확인될 수 없는 진술은 인지적 의미를 갖지 않는다.
- **무의미**Meaninglessness | 논리적 분석도, 경험적 검증도 불가능한 진술은 사실을 말하지 않는다.

"철학의 기능은 외관 뒤의 '실재'를 묘사하는 것이 아니다. 오히려 그것은 과학 언어의 논리적 분석이다. 모든 진술은 논리적으로 분석적이거나, 경험적으로 검증 가능하거나, 그렇지 않으면 무의미하다."

–『언어의 논리적 구문』, 1934

루돌프 카르납에게서 검증 가능성은 문장의 진위를 가르는 기준이 아니라, 그 문장이 의미를 갖는가를 판별하는 경계선이다.

경험적으로 검증될 수 없는 형이상학적 진술들은 거짓이기 때문이 아니라, 사실을 지시하지 못하는 언어 사용이기 때문에 '무의미'로 규정된다.

이 구분을 통해 카르납은 철학을 세계에 대한 주장으로부터 해방시키고, 과학적 언어의 논리적 명료화라는 역할로 재정의하고자 했다.

더 생각해보기

- 검증할 수 없는 말은 모두 무의미한가?
- 철학이 언어 분석에 머무를 때, 무엇을 잃고 무엇을 얻는가?
- 오늘날 우리는 어떤 진술을 '의미 있다'고 받아들이고 있는가?

043

포퍼 Karl Popper, 1902~1994

오스트리아 태생의 철학자로, 과학을 확증의 체계가 아니라 반증을 통해
스스로를 갱신하는 비판적 탐구로 규정하였다.

- **반증 가능성**Falsifizierbarkeit │ 과학 이론은 검증될 수 있어서가 아니라, 반박될 수 있기 때문에 과학적이다.

- **비판적 합리주의**Critical Rationalism │ 이성은 확실성에 도달하는 능력이 아니라, 오류를 제거해 나가는 태도다.

"과학이라는 게임은 원칙적으로 끝이 없다. 어느 날 과학적 명제가 더 이상 검토될 필요가 없다고 믿고, 그것이 최종적으로 입증되었다고 선언하는 자는, 그 순간 과학의 게임에서 스스로 퇴장한 사람이 되는 것이다."
─『탐구의 논리』, 1934

포퍼에게 과학은 완성되지 않는다. 과학은 언제나 임시적 가설 위에 서 있다. 이론은 확증으로 강화되지 않는다. 이론은 반례 앞에서만 자기 자리를 증명한다.
과학적 태도란 틀릴 준비가 되어 있는 태도다. 이성은 방패가 아니라, 스스로를 겨누는 칼이다.
진리는 도달점이 아니다. 진리는 끊임없이 근접해 가는 방향이다.

- 나는 언제 '더 이상 의심할 필요가 없다'고 말하는가?

- 반증은 실패인가, 진보의 조건인가?

- 오늘날 우리의 과학과 담론은 얼마나 열려 있는가?

044

쿤 Thomas Samuel Kuhn, 1922~1996

미국의 과학사·과학철학자로, 과학의 발전을 누적이 아니라 패러다임 전환이라는 불연속적 변화로 설명했다.

- **패러다임**Paradigm | 과학자 공동체가 공유하는 문제 설정, 방법, 기준의 총체. 무엇이 보이고 무엇이 중요해지는지를 규정한다.

- **과학혁명**Scientific Revolution | 기존 패러다임이 붕괴되고, 새로운 패러다임이 등장하는 인식의 전환.

"과학혁명 과정에서 그들은 이전에 보았던 장소에서 익숙한 도구를 들고 익숙한 대상을 바라보면서도, 전혀 새로운 것들을 본다. 익숙한 사물들이 완전히 다른 빛 아래에서 보이고, 그 옆에는 이전에는 전혀 존재하지 않던 사물들이 새롭게 출현한다."
—『과학혁명의 구조』, 1962

쿤에게 과학은 단순히 더 많은 사실을 축적하지 않는다. 과학은 무엇을 사실로 볼 것인가를 바꾼다. 패러다임은 관찰 이전에 작동하며, 과학자가 세계를 어떻게 보게 될지를 결정한다.

과학의 진보는 직선이 아니다. 과학은 세계 해석의 틀이 바뀌는 도약으로 전진한다.

- 내가 '사실'이라고 부르는 것은 어떤 패러다임에 의존하고 있는가?

- 새로운 관점은 왜 종종 저항을 불러오는가?

- 오늘날 우리 사회의 패러다임은 무엇이며, 어떤 이상 현상이 누적되고 있는가?

045

후설 Edmund Husserl, 1859~1938

독일의 철학자로, 모든 이론과 전제를 중지하고 의식에 주어지는 경험 그 자체로 돌아가려 한 현상학의 창시자다.

- **지향성** Intentionality | 의식은 언제나 어떤 것을 향해 있다. 의식과 대상은 분리되지 않고 함께 성립한다.
- **에포케** Epoché | 세계에 대한 자연적 태도를 괄호 치고, 의식에 어떻게 주어지는지만을 살피는 방법.

"우리는 끊임없이 그 근원으로, 직관의 원초적 자료로, 자기-주어짐의 방식으로 주어진 것으로 되돌아가야 한다. 우리가 아는 모든 것, 세계에 대해 말하는 모든 것은, 세계가 우리에게 주어지는 그 원초적 증거의 영역으로 되돌려져야 한다."
―『순수 현상학과 현상학적 철학의 이념』, 1913

후설에게 문제는 우리가 무엇을 아는가가 아니다. 우리는 어떻게 알게 되는가다.
세계는 객관적 사실로 먼저 주어지지 않는다. 세계는 의식 속에서 특정한 방식으로 의미화되어 나타난다.
진리는 외부에 놓인 대상이 아니라, 의식 경험의 구조 속에서 자기 자신을 드러낸다.

더 생각해보기

- 나는 세계를 설명하기 전에, 세계가 어떻게 주어지는지를 성찰하고 있는가?
- 이론과 개념은 경험을 밝히는가, 가리는가?
- 오늘의 나에게 가장 직접적으로 '주어져 있는 것'은 무엇인가?

046

하이데거 Martin Heidegger, 1889~1976

독일의 철학자로, 존재를 대상이나 개념이 아니라 존재를 묻는 방식 자체에서 파악해야 한다고 주장하였다.

- **현존재** Dasein │ 존재를 묻고 이해하는 존재. 세계 안에 던져져 있으면서 자기 존재를 문제 삼는다.
- **세계-내-존재** Being-in-the-world │ 주체와 객체로 분리되기 이전의 근본 구조. 존재는 언제나 세계 속에서 드러난다.

"현존재는 단지 다른 존재자들 사이에 놓여 있는 하나의 존재가 아니다. 그것은 자기 자신의 존재에 대해 문제 삼는 존재라는 점에서 존재론적으로 특이하다. 현존재는 자신의 존재에 대해 관계 맺고 있으며, 이러한 관계 자체가 존재 방식의 하나다. 이것이 바로 존재 이해이다."

—『존재와 시간』, 1927

하이데거에게 존재는 사물처럼 관찰되지 않는다. 존재는 언제나 존재를 묻는 방식 속에서만 드러난다.

존재는 개념으로 포착되지 않는다. 존재는 삶 속에서 스스로를 드러낸다.

존재란, 묻고 관계 맺는 그 방식 속에서 이미 이해되고 있는 것이었다.

- 나는 나 자신의 존재를 문제 삼고 있는가, 아니면 당연시하고 있는가?
- 존재를 설명하려는 시도는 무엇을 놓치게 되는가?
- 오늘 나의 삶은 어떤 방식으로 존재를 이해하고 있는가?

047

메를로-퐁티 Maurice Merleau-Ponty, 1908~1961

프랑스의 철학자로, 의식을 세계 밖의 관찰자가 아니라 몸을 통해 세계와 얽혀 있는 존재로 재사유하였다.

- **지각**Perception | 대상을 판단하거나 해석하기 이전의 접촉. 세계가 먼저 몸에 의해 열리는 방식.
- **몸-주체**Body-Subject | 몸은 대상이 아니라, 세계에 접근하고 의미를 형성하는 주체다.

"지각은 세계에 대한 과학도, 하나의 행위도, 의식적인 입장도 아니다. 그것은 모든 행위와 판단이 떠오르는 바탕이다."
─『지각의 현상학』, 1945

메를로-퐁티에게 지각은 의식이 세계를 해석하는 단계가 아니다. 지각은 해석 이전에 세계가 이미 의미를 띠며 나타나는 방식이다.

우리는 먼저 생각하고, 그 다음에 느끼지 않는다. 우리는 먼저 몸으로 세계를 접하고, 그 위에서 판단하고 말한다. 몸은 단순한 수단이 아니라, 의미가 발생하는 근원적 자리다.

세계는 의식 앞에 놓인 대상이 아니다. 세계는 몸의 움직임, 방향성, 습관 속에서 항상 이미 구성되어 있다. 따라서 지각은 삶이 세계와 맞물려 있는 방식이다.

더 생각해보기

- 나는 세계를 먼저 생각하는가, 먼저 느끼는가?
- 몸은 인식의 도구인가, 인식의 근원인가?
- 오늘의 나의 몸은 어떤 방식으로 세계를 구성하고 있는가?

048

소쉬르 Ferdinand de Saussure, 1857~1913

스위스의 언어학자로, 언어를 사물의 이름 붙이기가 아니라 차이로 이루어진 체계로 파악하며 의미와 인식의 구조를 근본적으로 전환시켰다.

- **차이** Difference | 의미는 사물 자체에서 나오지 않고, 다른 기호들과의 차이 관계에서 생겨난다.
- **기호** Sign | 기표(소리·형식)와 기의(개념)의 결합. 자연적 대응이 아니라 사회적 약속이다.

"언어 체계 안에는 절대적인 의미란 없다. 의미는 끊임없는 차이 속에서 상대적으로 구성된다. 언어는 단지 명명하는 것이 아니라, 우리가 세계를 인식하는 방식을 규정한다. 결국 사물은 언어의 차이 속에서 존재하게 된다."

—『일반언어학 강의』, 1916

소쉬르에게 언어는 세계를 비추는 거울이 아니라, 세계를 구성하는 틀이다. 사물은 언어 밖에서 완성되어 있지 않으며, 차이의 체계 안에 들어올 때 비로소 의미를 갖는다. 의미는 고정되지 않는다. 의미는 항상 다른 것들과의 대비 속에서 상대적으로 위치 지어진다. 따라서 언어를 바꾸지 않고서는 세계에 대한 인식도 바뀌지 않는다.

더 생각해보기

· 내가 '같다'고 느끼는 것들은 어떤 차이에 의해 구성되어 있는가?

· 언어를 바꾸면 세계를 보는 방식도 바뀌는가?

· 오늘 우리가 사용하는 언어는 어떤 존재들을 가능하게 하고, 어떤 존재들을 지우는가?

049

레비스트로스 Claude Lévi-Strauss, 1908~2009

프랑스의 인류학자로, 신화 · 친족 · 문화의 다양성 아래에 작동하는 보편적 구조를 밝혀 인식과 의미를 구조의 산물로 재정의했다.

- **구조**Structure | 의식적 의도 이전에 작동하는 관계의 체계. 개별 의미들은 구조 속 위치로 이해된다.
- **번역**Translation | 타 문화를 있는 그대로 재현하는 것이 아니라, 자기 문화의 범주로 옮기는 해석 행위.

"인간은 결코 자기 문화를 초월하지 못한다. 우리는 언제나 우리 자신의 체계 안에서만 생각할 수 있다. 따라서 우리가 타 문화를 이해한다는 것은, 결국 우리 자신의 범주로 그들을 번역해내는 일이다."

— 『슬픈 열대』, 1955

레비스트로스에게 문화는 표면적으로 달라 보일 뿐, 그 아래에는 반복되는 구조적 관계가 있다.

인식은 자유로운 관조가 아니다. 인식은 구조가 허용하는 범위 안에서만 가능하다.

주체는 의미의 창조자가 아니라, 구조의 매개자다.

존재란, 개별적 본질이 아니라 구조가 만들어내는 차이의 위치였다.

- 나는 타 문화를 이해할 때 어떤 범주로 번역하고 있는가?

- 구조를 인식하면 자유는 줄어드는가, 다른 방식으로 가능해지는가?

- 오늘날 우리의 사고를 조직하는 이항 대립은 무엇인가?

050

가다머 Hans-Georg Gadamer, 1900~2002

독일의 철학자로, 이해를 인식의 기술이 아니라 존재가 드러나는 사건으로 파악한 철학적 해석학의 완성자다.

- **전이해**Vorverständnis | 모든 이해에 앞서 이미 작동하는 역사적·문화적 선이해.
- **지평 융합**Fusion of Horizons | 해석자의 지평과 텍스트의 지평이 대화 속에서 서로 변형되며 만나는 과정.

"이해는 단순히 어떤 정신적 작용이 아니라, 존재의 방식이다. 이해는 하나의 '사건'이며, 이 사건은 해석자의 전이해와 전통, 그리고 텍스트의 지평이 만나는 데서 발생한다. 우리는 텍스트를 해석하는 것이 아니라, 그것과의 대화 속에서 이해되며, 그 영향 속에 놓여 있다."
—『진리와 방법』, 1960

가다머에게 이해는 방법의 문제가 아니라, 존재의 방식이다. 우리는 언제나 이미 전통 속에 던져져 있으며, 그 전통이 마련한 지평 안에서만 이해한다.
전이해는 극복해야 할 편견이 아니다. 전이해는 이해가 시작될 수 있는 조건이다. 중요한 것은 전이해를 제거하는 것이 아니라, 대화 속에서 변형되도록 허용하는 것이다.

　　　　　　1부 | 존재와 참

- 나는 이해를 통제 가능한 기술로 여기고 있는가?

- 나의 전이해는 무엇이며, 그것은 어떻게 형성되었는가?

- 오늘 내가 읽고 있는 텍스트는 나에게 무엇을 말하고 있으며, 나는 그것에 어떻게 응답하고 있는가?

051

바르트 Roland Barthes, 1915~1980

프랑스의 기호학자이자 문학이론가로, 의미의 중심을 저자에서 독자로 이동시키며 해석의 권위 구조를 해체했다.

- **저자의 죽음** Death of the Author | 의미의 최종 근거로서의 저자는 더 이상 필요하지 않다. 텍스트는 저자의 의도를 넘어선다.
- **기표의 다중성** | 텍스트는 하나의 의미로 수렴하지 않고, 여러 의미 가능성이 교차하는 장이다.

"저자는 죽었다. 저자는 텍스트의 과거이며, 텍스트는 지금 이 순간, 오직 독자의 탄생과 함께 시작된다. 텍스트는 다차원의 공간이며, 그 속에서 다양한 기표들이 서로 충돌하고 교차한다."
—『저자의 죽음』, 1967

전통적 해석은 저자의 의도를 의미의 기준으로 삼았다. 그러나 저자는 이미 텍스트 밖에 있다. 텍스트는 더 이상 과거의 의식을 전달하지 않는다. 텍스트는 지금-여기에서 독자와 함께 새롭게 작동한다.

의미는 하나가 아니다. 텍스트는 기표들의 얽힘이며, 읽을 때마다 다른 길을 연다. 해석은 발견이 아니라, 의미 생성의 사건이다.

한계는 저자가 아니라, 텍스트와 독자의 만남 속에서 형성된다. 의미는 기원에 있지 않고 읽히는 현재 속에서 계속 태어난다.

더 생각해보기

- 나는 텍스트를 읽을 때 저자의 의도를 얼마나 전제하고 있는가?
- 독자의 자유는 어디까지 가능한가?
- 오늘날 우리는 어떤 텍스트를 '닫힌 의미'로 읽고 있는가?

052

들뢰즈 Gilles Deleuze, 1925~1995

철학자로, 존재를 동일성이나 표상이 아니라 차이와 생성의 운동으로 사유하며 철학의 문제 설정 자체를 전환시켰다.

- **차이** Difference | 동일성에 종속된 변형이 아니라, 존재를 생성하게 하는 근원적 힘.
- **반복** Repetition | 같은 것의 재현이 아니라, 매번 새로운 차이를 산출하는 과정.

"우리는 흔히 모든 관념은 표상이라고 배워왔다. 하지만 관념의 본질을 이루는 것은 표상이 아니다. 그것은 차이다. 관념이란 서로 겹쳐지지 않고, 나뉘며, 갈라지는 차이들로 이루어진 하나의 체계다."

— 『차이와 반복』, 1968

차이는 언제나 동일한 것의 결핍이나 변형으로 취급되었다. 그러나 들뢰즈는 묻는다. 왜 차이는 항상 동일성 뒤에 와야 하는가?

존재는 고정된 본질이 아니다. 존재는 끊임없이 분화하고 갈라지며 새로운 형태를 만들어낸다. 변화는 외부에서 가해지지 않는다. 변화는 존재 내부의 차이 작용에서 발생한다.

존재란, 하나로 수렴되는 것이 아니라 끊임없이 갈라지며 새로워지는 복수성이었다.

더 생각해보기

· 나는 변화를 동일성의 수정으로 이해하고 있는가?

· 반복되는 일상 속에서 실제로는 무엇이 달라지고 있는가?

· 오늘의 나를 구성하는 차이들은 어떻게 생성되고 있는가?

053

리오타르 Jean-François Lyotard, 1924~1998

프랑스의 철학자로, 근대 철학이 의존해 온 보편적 이성 · 절대적 진리 · 주체의 통일성을 해체하며 포스트모던 사유의 전환점을 제시했다.

- **거대서사Grand Narrative** | 역사 · 이성 · 해방 같은 이름으로 지식과 진리를 정당화해 온 보편적 이야기.
- **언어 게임Language Games** | 서로 다른 규칙과 기준을 가진 담론의 장들. 진리는 단일하지 않고 국지적으로 작동한다.

"철학은 더 이상 존재의 본질을 설명할 수 없다.
이제 우리는 존재가 어떻게 구성되는지를 탐구해야 한다."
ㅡ『포스트모던의 조건』, 1979

근대 철학은 하나의 주체, 하나의 이성, 하나의 진리를 가정했다. 그러나 현대 사회에서 지식은 분절되고, 기준은 다원화되었다. 과학 · 예술 · 정치 · 윤리는 서로 다른 언어 게임 속에서 각기 다른 방식으로 의미를 만든다.

존재는 하나의 본질이 아니다. 존재는 담론, 제도, 기술, 권력 속에서 계속해서 구성되고 재구성된다. 진리는 모두를 대표하는 명제가 아니라, 특정한 장에서 잠정적으로 성립하는 구성의 결과였다.

- 나는 여전히 하나의 진리 기준을 전제하고 있는가?
- 서로 다른 언어 게임 사이의 충돌은 어떻게 다뤄져야 하는가?
- 오늘날 '나'라는 주체는 어떤 담론 속에서 구성되고 있는가?

054

데리다 Jacques Derrida, 1930~2004

프랑스의 철학자로, 의미가 고정된 중심을 갖는다는 가정을 해체하며 언어 · 텍스트 · 존재에 대한 서구 형이상학의 토대를 근본적으로 흔들었다.

- **차연 Différance** | 차이 difference 와 지연 deferral 이 결합된 개념. 의미는 즉각적으로 주어지지 않고, 항상 미뤄지며 다른 기표들과의 관계 속에서 생성된다.
- **해체 Deconstruction** | 개념을 파괴하는 것이 아니라, 그 개념이 성립하기 위해 배제한 것들을 드러내는 읽기.

"기표는 언제나 또 다른 기표를 가리킬 뿐이며, 이 연결은 끝없이 이어진다. 차연은 하나의 단어나 개념이 아니다. 그것은 우리가 의미라고 부르는 것을 생산하는, 차이와 지연의 운동이다."
— 『그라마톨로지』, 1967

기표는 스스로 의미를 갖지 않는다. 기표는 다른 기표를 가리킬 뿐이다. 이 참조는 멈추지 않으며, 의미는 항상 지연된 상태로 남는다. 따라서 의미는 존재하지 않는다기보다, 항상 생성 중이다.

우리가 의미, 정체성, 본질이라 부르는 것은 차이와 지연의 운동이 잠정적으로 멈춘 흔적일 뿐이다. 의미란, 도달되는 것이 아니라 끊임없이 미뤄지며 생산되는 운동이었다.

- 내가 당연하게 사용하는 개념들은 무엇을 배제하고 있는가?

- 의미가 지연된다면, 확실성은 어디에서 오는가?

- 오늘날 우리의 언어는 어떤 차연의 구조 위에서 작동하고 있는가?

게티어 Edmund L. Gettier, 1927~2021

미국의 철학자로, 오랫동안 받아들여져 온 지식의 정의를 단 하나의 논문으로 뒤흔들며 현대 인식론의 방향을 근본적으로 전환시켰다.

- **정당화된 참인 믿음**Justified True Belief │ 전통적으로 지식을 정의해 온 세 조건의 결합. 참이고, 믿어지며, 정당화되어야 한다.

- **게티어 문제**Gettier Problem │ 세 조건을 모두 만족해도 직관적으로 는 지식이라 할 수 없는 사례의 존재.

"(a) 그 명제는 참이다. (b) 그 사람은 그 명제가 참이라고 믿는다. (c) 그 믿음에는 정당화가 있다. 나는 이 세 조건이 모두 충족되는 경우임에도 불구하고, 그 사람이 지식을 가지고 있다고 말할 수 없 는 사례들이 존재함을 증명하고자 한다."

─『정당화된 참된 믿음은 지식인가?』, 1963

게티어의 문제 제기는 단순하다. 우리는 오랫동안 '정당화된 참인 믿음 = 지식'이라고 믿어왔다. 그러나 어떤 믿음은 충분히 그럴듯한 이유로 정당화되어 있고, 우연히 참 이기도 하다. 그러나 우리는 그 경우를 지식이라 부르기를 주저한다. 왜냐하면 그 참 됨이 인지적 성공이 아니라 운에 기대고 있기 때문이다.

게티어 이후 인식론은 정의에서 탐구로 바뀐다. 지식은 무엇인가를 묻는 대신, 언제 우리는 안다고 말할 수 있는가를 묻는다.

- 참이라는 사실과 안다는 판단은 언제 어긋나는가?
- 우연에 의해 맞은 믿음은 왜 지식으로 느껴지지 않는가?
- 오늘날 우리는 어떤 방식으로 '정당화'를 신뢰하고 있는가?

056

콰인 Willard Van Orman Quine, 1908~2000

미국의 철학자이자 논리학자로, 철학과 과학의 경계를 해체하며 지식 전체를 경험에 열려 있는 하나의 연속체로 재구성한다.

- **전체론**Holism | 개별 명제는 단독으로 경험에 의해 검증되지 않는다. 검증의 단위는 이론들의 전체 망이다.

- **분석 / 종합의 붕괴** | 논리적 참과 경험적 참을 나누는 구분은 유지될 수 없다.

"경험적으로 의미를 지니는 단위는 과학 전체다. 과학이라는 총체는 경계 조건이 경험에 의해 규정되는 하나의 장場과 같다. 이 장의 주변에서 경험과 충돌이 발생하면, 내부의 이론 구조가 재조정된다. 진리값은 우리의 명제들 전체에 걸쳐 새롭게 분배되어야 하며, 어떤 명제를 재평가하면 그것과 논리적으로 연결된 다른 명제들도 함께 재평가된다."

— 『경험론의 두 가지 도그마』, 1961

우리가 의미 있다고 말하는 모든 명제는 개별적으로 경험과 대면하지 않는다. 경험은 언제나 이론의 주변부에서만 충돌하고, 그 충격은 전체 이론망으로 분산된다. 논리조차도 예외는 아니다. 필요하다면 논리적 규칙 역시 이론 조정의 대상이 될 수 있다. 진리는 개별 명제의 속성이 아니라, 이론 전체가 경험과 맺는 균형 상태였다.

- 하나의 명제를 포기할 때, 우리는 무엇까지 함께 포기해야 하는가?
- 철학이 과학과 연속된다면, 철학의 고유성은 무엇인가?
- 오늘날 우리가 '확실하다'고 여기는 명제들은 어떤 이론망에 기대고 있는가?

057

네이글 Thomas Nagel, 1937~

미국의 철학자로, 의식의 문제를 객관적 설명으로 환원할 수 없는 주관적 경험의 차원에서 재정식화하였다.

- **무엇인 느낌** What-it-is-like │ 의식은 어떤 상태에 있다는 고유한 체험의 방식을 포함한다. 이 체험은 제3자적 설명으로 포착되지 않는다.

- **주관성** Subjectivity │ 의식은 특정 관점에 본질적으로 묶여 있다. 모든 의식에는 '그 주체에게만 그러한' 측면이 있다.

"의식적 경험은 매우 일반적 현상이다. 그것은 많은 동물에게서도 나타난다. 무기물 혹은 단순한 유기체에서도 의식적 경험이 있는지는 확신할 수 없으며, 그것이 있음을 증명하는 것은 매우 어렵다."
─『박쥐가 되는 것은 어떤 것인가?』, 1986

네이글은 묻는다. 과학이 아무리 발전해도, 다른 존재로서 느끼는 감각 자체를 알 수 있는가?
박쥐의 신경계와 초음파 기관을 아무리 정확히 기술해도, '박쥐로서 느끼는 것'은 남는다.
지식은 세계를 설명할 수 있다. 그러나 경험은 세계가 어떻게 느껴지는지를 말한다.
의식이란, 설명 가능한 구조 너머에서 여전히 남아 있는 관점의 깊이였다.

- 과학적 설명이 충분해지는 지점은 어디까지인가?

- 타자의 경험을 이해한다는 말은 무엇을 의미하는가?

- 오늘날 인공지능의 '의식'을 말할 때, 우리는 무엇을 놓치고 있는가?

058

메이야수 Quentin Meillassoux, 1967~

프랑스 철학자로, 인간 인식에 종속된 세계 이해를 비판하며 사유로 접근
가능한 절대적 실재, '거대한 외부'를 다시 철학의 중심으로 불러들였다.

- **절대적 우발성 Absolute Contingency** | 존재하는 모든 것은 반드시 그
  렇게 존재할 이유가 없다. 존재의 유일한 필연성은 아무것도 필
  연적이지 않다는 사실이다.

- **거대한 외부 Great Outdoors** | 인간의 인식 · 언어 · 의식과 무관하게
  존재하는 실재의 차원.

"우리가 실재 자체에 대해 선험적으로 확립할 수 있는 유일한 절
대적 필연성은 바로 필연적 존재의 부재, 즉 모든 존재의 근본적인
우발성이다. 존재하는 모든 것은 존재하는 데 아무런 이유가 없으
며, 따라서 지금과는 전적으로 다르게 될 수 있을 뿐만 아니라, 실
제로 그렇게 되어야만 한다."
—『유한성 이후』, 2006

메이야수는 존재의 근본 성격을 '우발성'으로 정식화한다.

존재는 이유 없이 존재하며, 사유 이전에 이미 열려 있다. 거대한 외부는 인간을 배제
하는 것이 아니라, 인간 중심적 사유를 해체한다.

- 자연 법칙이 필연적이지 않다면, 과학은 무엇을 설명하는가?
- 인간 인식과 무관한 실재를 사유한다는 것은 무엇을 의미하는가?
- 오늘날 우리는 세계를 너무 인간 중심적으로 이해하고 있지는 않은가?

059

바라드 Karen Barad, 1956~

미국의 철학자이자 이론물리학자로, 존재를 사물의 집합이 아니라 관계가 생성되는 사건으로 사유하였다.

- **현상**Phenomenon │ 관측 이전에 이미 주어진 대상이 아니라, 관계·측정·배치 속에서 함께 발생하는 실재의 단위.
- **회절**Diffraction │ 반영reflection이 아니라, 차이가 서로 간섭하며 새로운 패턴을 만들어내는 방식의 사유.

"존재는 관계에 앞서 존재하지 않는다. 존재론적으로 분리될 수 없는 내재작용하는 행위자들인 현상이 실재의 기본 단위이다. 실재는 사물 자체나 현상 너머의 사물로 구성된 것이 아니라, 현상 속의 사물로 구성된다."
–『우주와의 반쯤 만남』, 2007

물질과 의미는 정말로 분리될 수 있는가?
존재는 먼저 있고, 그 다음에 관계 맺지 않는다. 존재는 관계 속에서 함께 생겨난다.
'사물'은 독립적 실체가 아니라, 특정한 배치에서만 잠정적으로 안정된 현상의 일부다.
회절적 사유는 차이를 지우지 않는다. 차이는 서로 간섭하며 새로운 존재 방식을 만들어낸다. 물질은 의미를 품고 있고, 의미는 물질적으로 작동한다.

1부│존재와 참

더 생각해보기

- 관찰과 측정은 세계를 드러내는가, 구성하는가?

- 책임은 인식의 바깥에 있는가, 인식의 일부인가?

- 오늘날 인간 · 기술 · 자연의 경계는 어떻게 다시 그어지고 있는가?

060

가브리엘 Markus Gabriel, 1980~

독일의 철학자로, 존재를 하나의 총체적 세계가 아니라 다수의 의미장이 열어주는 국지적 실재로 사유한다.

- **의미장** Field of Sense | 대상이 나타나고 의미를 갖는 조건의 장. 존재는 언제나 어떤 의미장 안에서만 성립한다.
- **신실재론** New Realism | 실재를 인식에 종속시키지 않으면서도, 존재의 조건을 의미의 장에서 파악하려는 입장.

"세계는 존재하지 않는다. 이는 존재하는 모든 것을 담아내는 단일하고 통일된 영역이 존재하지 않는다는 뜻이다. 오히려 실재는 무한히 많은 의미장의 집합으로 구성되며, 각각의 의미장은 특정한 대상들의 존재를 가능하게 하는 틀을 제공한다."
—『왜 세계는 존재하지 않는가』, 2013

우리는 흔히 모든 것을 담는 하나의 세계를 가정한다. 그러나 대상은 의미장 안에서만 나타나며, 그 의미장이 바로 존재의 조건이 된다.
의미장은 주관과 무관하게 작동하며, 사물·사건·사실이 드러날 수 있게 하는 장이다.
따라서 실재는 하나가 아니라 여럿이며, 각각의 실재는 서로 다른 의미장에 속한다.
존재란, 총체가 아니라 의미가 허용하는 국지적 출현이었다.

더 생각해보기

- 모든 것을 포괄하는 '세계' 개념은 왜 매혹적인가?

- 의미장이 다르다면 같은 대상도 다르게 존재하는가?

- 오늘 내가 속한 의미장은 어떤 존재들을 가능하게 하고 있는가?

PART 2

사회와 힘

토마셀로에서 드닌까지
62 거인의 사유를 깊이 있게 만나다

001

토마셀로 Michael Tomasello, 1950~

발달심리학자이자 인지과학자로, 인간 사회의 기원을 개인의 지능이 아니라 협력의 구조에서 설명하며 사회성의 진화적 토대를 재구성했다.

· **공유 의도성** **Shared Intentionality** | 여러 개인이 동일한 목표를 함께 의식하고 조율하는 능력.

"인간을 독특하게 만드는 것은 단지 개인의 지능이 아니라, 서로의 머리를 맞대는 능력이다. 공유 의도성은 우리가 협력하고, 문화를 만들고, 언어를 창조하며, 궁극적으로 복잡한 사회를 살아가는 능력의 기초가 된다."
—『이기적 원숭이와 이타적 인간』, 2009

토마셀로에게 인간 사회의 출발점의 핵심은 함께 생각하는 능력이다. 인간은 타인의 마음을 추측하는 데서 멈추지 않는다. 인간은 타인과 목표를 공유한다. 이 공유 의도성은 역할 분담, 규칙 생성, 상호 기대를 가능하게 한다.

사회는 개인의 집합이 아니다. 사회는 공동의 의도가 지속되는 구조다. 힘은 폭력에서 나오지 않는다. 힘은 함께 따르기로 한 규칙에서 나온다.

 2부 | 사회와 힘

**더 생각해보기

- 나는 언제 '나'가 아니라 '우리'로 사고하는가?
- 규칙은 나를 억압하는가, 협력을 가능하게 하는가?
- 오늘날 사회적 힘은 어디에서 생성되고 유지되는가?

002

헨릭 Joseph Henrich, 1968~

문화진화 이론가이자 인류학자로, 인간 사회의 성립과 확장을 개인 지능이 아니라 누적 문화의 힘에서 설명한다.

- **누적 문화**Cumulative Culture │ 한 세대의 성취가 다음 세대에 전승·개선되며 지식과 기술이 점진적으로 축적되는 과정.

- **문화적 학습**Cultural Learning │ 개인의 시행착오보다 모방·전승을 통해 더 빠르게 배우는 방식.

"우리 종의 성공은 본래 지능 때문이 아니다. 오히려 우리가 문화를 통해 지식을 집단적으로 축적하고, 이를 세대에 걸쳐 누적해 나갈 수 있기 때문에 인간은 똑똑해진 것이다. 문화는 단지 인간 정신의 산물이 아니라, 인간 정신을 형성하는 요소이기도 하다."
—『호모 사피엔스』, 2015

인간은 모든 것을 스스로 발명하지 않는다. 대부분은 이미 존재하는 지식을 모방한다. 그러나 이 모방은 단순한 복제가 아니다. 작은 개선이 누적되며, 개인은 이해하지 못해도 사회는 진보한다.

사회는 합의의 결과가 아니다. 사회는 세대에 걸쳐 유지된 문화적 선택의 축적 효과다. 힘은 탁월한 개인에게서 나오지 않는다. 힘은 지식과 규범이 집단적으로 저장되는 구조에서 나온다.

더 생각해보기

- 내가 사용하는 지식 중, 스스로 발명한 것은 얼마나 되는가?

- 문화는 나의 사고를 어디까지 형성하고 있는가?

- 오늘날 지식의 축적은 어떤 제도와 매체를 통해 이루어지는가?

003

보엠 Christopher Boehm, 1931~2021

문화인류학자로, 권력이 자연스럽게 강화된 것이 아니라 집단적 억제와
감시를 통해 길들여졌음을 보여주며 도덕과 정치의 기원을 재구성했다.

- **역지배 위계**Reverse Dominance Hierarchy | 강자가 약자를 지배하는 구조가 아니라, 집단이 지배하려는 개인을 통제하는 위계.

- **도덕적 분노**Moral Anger | 사적 감정이 아니라, 집단 규범을 수호하기 위한 정서적 반응.

"우리 조상들은 알파형 지배를 사회적으로 용납 가능한 수준으로 낮추는 데 성공했고, 그 결과로 이타적 처벌과 도덕적 분노가 싹틀 수 있는 사회 환경을 만들어냈다."
―『도덕의 탄생』, 2012

인간 사회는 지배하려는 개인을 집단적으로 억제해 왔다.

알파형 지배는 제거되지 않았다. 대신 통제되었다. 조롱, 비난, 배제, 최후에는 폭력까지 포함한 집단적 제재는 권력의 과도한 집중을 막았다.

이 억제 구조 속에서 도덕은 탄생했다. 도덕은 선의에서 나오지 않는다. 도덕은 권력 남용을 막기 위한 사회적 장치다.

- 우리는 어떤 권력에 분노하며, 어떤 권력은 묵인하는가?
- 오늘날 도덕적 분노는 어떤 형태로 나타나는가?
- 도덕은 개인의 양심인가, 사회의 장치인가?

004

하라리 Yuval Noah Harari, 1976~

역사가이자 사상가로, 인류 사회의 확장과 결속을 물리적 힘이 아니라 공유된 허구의 작동으로 설명했다.

- **허구**Fiction | 자연적 사실이 아니라, 다수가 함께 믿을 때 사회적 현실이 되는 이야기.
- **상상적 질서**Imagined Order | 법, 국가, 돈, 인권처럼 존재를 믿음에 의존하는 사회 구조.

"우리는 성서의 창조 이야기, 호주 원주민의 꿈의 시간 신화, 현대 국가들의 민족주의 신화 같은 공통의 신화를 직조할 수 있다. 이러한 신화는 사피엔스에게 유연하고 대규모로 협력할 수 있는 전례 없는 능력을 부여했다."
—『사피엔스』, 2011

하라리에게 낯선 수많은 인간이 하나의 사회를 이룰 수 있었던 핵심은 공통의 허구를 믿는 능력이다.

신화, 종교, 국가, 법, 화폐는 자연물처럼 보이지만 집단적 상상 위에 성립한다.

이 상상적 질서는 규범을 만들고, 권위를 정당화하며, 협력을 확장한다. 권력은 폭력만으로 유지되지 않는다. 권력은 믿음의 네트워크 위에서 작동한다.

- 오늘날 우리가 믿고 있는 허구는 무엇인가?

- 허구는 어떻게 권력을 정당화하는가?

- 하나의 사회를 유지하는 이야기가 사라지면 무엇이 남는가?

005

맹자 孟子, BC 372~BC 289

유가 사상가로, 권력의 정당성을 백성의 삶과 도덕적 책임에서 찾으며 정치와 윤리를 분리할 수 없다고 보았다.

- **항산과 항심**恒産 / 恒心 | 안정된 생계(항산)가 있어야 도덕적 마음(항심)이 유지될 수 있다.
- **왕도정치**王道政治 | 강제와 공포가 아니라 인의와 덕으로 백성을 이끄는 정치.

"백성이 가장 귀하고, 사직(국가)이 그 다음이며, 군주는 가장 가볍다. 그러므로 군주는 백성을 위해 존재해야 하며, 만약 군주가 백성을 해친다면 백성은 그를 버릴 수 있다. 진정한 왕도정치는 군주가 백성을 부모처럼 사랑하고, 인의로 나라를 다스리는 것이다."
―『맹자』, BC 250경

도덕은 어디에서 시작되는가? 맹자는 도덕을 추상적 규범에서 찾지 않는다. 항산이 없으면 항심도 없다. 정치는 먼저 백성이 지속적으로 살아갈 수 있는 기반을 마련해야 한다.

권력은 절대적이지 않다. 군주는 신성한 존재가 아니다. 군주는 백성을 위해 존재한다. 그 책임을 저버릴 때, 군주는 버려질 수 있다. 이 판단의 주체는 하늘이 아니라 백성이다.

더 생각해보기

- 오늘날 '항산'은 무엇을 의미하는가?
- 생계가 불안정한 사회에서 도덕을 요구하는 것은 정당한가?
- 권력의 정당성은 어디에서 비롯되어야 하는가?

006

한비자 韓非子, BC 280?~BC 233

전국시대 중국(한나라) 사상가로 도덕이 아니라 제도와 권력 기술을 통해 사회 질서를 유지해야 한다고 주장했다.

- **법法** | 명확하고 공개된 규칙. 개인의 덕이 아니라 제도의 일관성에 의존하는 통치 수단.
- **술術** | 신하를 관리하고 권력을 유지하기 위한 통치 기술과 운영 방식.

"사람은 본래 이기적이며, 군주는 법과 술을 통해 백성을 통제해야 한다. 법은 공정하고 명확해야 하며, 누구에게나 예외 없이 적용되어야 한다. 군주는 개인적인 감정이나 도덕적 이상에 휘둘리지 않고, 법을 이용하여 권력을 안정적으로 유지해야 한다. 오직 법치만이 강한 국가를 만들 수 있다."

—『한비자』, BC 200년경

한비자는 인간을 선하게 전제하지 않는다. 정치는 이기적 인간을 전제로 설계된 기술이어야 한다. 따라서 통치는 법의 명확성, 적용의 일관성, 그리고 군주의 술에 의해 유지되어야 한다.

정치란, 사람을 믿는 일이 아니라 사람을 관리하는 구조였다.

- 도덕 없는 법치는 정당할 수 있는가?
- 제도의 공정성과 인간적 정의는 항상 일치하는가?
- 오늘날 권력은 덕에 의해 행사되는가, 구조에 의해 작동하는가?

007

키케로 Marcus Tullius Cicero, BC 106~BC 43

로마 공화정의 정치가이자 철학자로, 법의 정당성을 권력이나 관습이 아니라 자연법과 공익에서 찾았다.

- **자연법**Lex Naturalis | 인간이 만든 법 위에 존재하는 보편적 이성과 정의의 원리.

- **공익**Res Publica | 사적 이익이 아니라 공동체 전체의 선을 지향하는 정치의 목적.

"법은 자연에 부합하는 올바른 이성이다. 로마나 아테네에서 다르지 않고, 지금이나 미래에도 변함이 없으며, 모든 민족과 모든 시대를 아우르는 하나의 영원하고 불변하는 법이다."
−『법률론』, BC 52

키케로에게 법은 명령이 아니라 이성의 표현이다. 진정한 법은 자연의 질서에 부합하며, 시대와 장소를 초월해 공통으로 적용된다. 권력이 만든 규칙이 자연법에 어긋난다면, 그것은 법이 아니다.

정치의 정당성은 힘에서 나오지 않는다. 정당성은 법이 보편적 정의와 합치되는가에 달려 있다.

- 오늘날의 법은 자연법과 어떤 관계에 있는가?

- 공익은 누가, 어떤 기준으로 정의하는가?

- 보편적 정의는 실제 정치에서 가능한가?

008

아우렐리우스 Marcus Aurelius Antoninus, 121~180

로마 황제이자 스토아 철학자로, 권력의 정점에서 개인의 덕과 공동체적
책임을 동시에 사유한다.

- **스토아적 덕**Stoic Virtue │ 외적 성취보다 이성에 따른 자기 통제와
  내적 평정을 중시하는 삶의 태도.
- **세계 시민**Cosmopolis │ 개인은 특정 집단을 넘어 인류 전체의 일원
  으로서 책임을 진다는 관점.

"인간은 서로를 위해 존재하며, 우리가 태어난 이유는 협력하고 조
화를 이루기 위함이다. 그러므로 한 사람의 행동이 사회 전체에 해
를 끼친다면, 그는 자신을 해치는 것과 같다. 우리는 몸의 각 부분
처럼 서로 연결되어 있으며, 한 부분이 병들면 전체가 고통받는다.
따라서 네가 하는 모든 행동이 공동체를 이롭게 하는지 자문해야
한다."
─『명상록』, 170~180

인간은 고립된 존재가 아니라 서로 연결된 부분이다. 따라서 개인의 악은 곧 공동체
의 병이 된다.
권력을 가진 자일수록 자기 통제와 책임은 더 엄격해야 한다. 권위는 공동체의 질서
를 해치지 않는 이성적 행위에서 나온다.

　　　2부│사회와 힘

더 생각해보기

· 권력을 가진 사람에게 요구되는 덕은 무엇인가?

· 개인의 윤리는 어디까지 사회적 책임을 져야 하는가?

· 오늘날 '세계 시민'이라는 말은 어떤 의미를 가질 수 있는가?

009

마키아벨리 Niccolò Machiavelli, 1469~1527

피렌체 공화국 정치사상가로 근대 정치사상의 출발점에서 정치를 도덕에서 분리하여 권력의 실제 작동 원리로 분석했다.

- **비르투**Virtù | 상황에 맞서 결단하고 행동하는 정치적 역량.

- **포르투나**Fortuna | 우연, 운명, 시대의 흐름.

- **포르차**Forza | 질서를 유지하고 반발을 억제하기 위한 강제력.

"사랑은 변할 수 있지만, 두려움은 군주의 권력을 보호해 준다. 그러나 두려움을 조성하되 증오를 사지 않도록 신중해야 한다. 사람들은 자신의 생명과 재산을 위협받지 않는 한, 두려움을 받아들이지만, 불필요한 잔인함은 반발을 불러일으킬 것이기 때문이다."
— 『군주론』, 1521

마키아벨리는 군주에게 도덕적 선함을 요구하지 않는다. 정치의 기준은 의도가 아니라 결과다. 사람은 변덕스럽고, 사랑은 쉽게 사라진다.
권력은 균형의 기술이다. 너무 약하면 무시당하고, 너무 잔혹하면 전복된다. 군주의 덕은 선함이 아니라 상황 판단 능력이다.

더 생각해보기

- 정치에서 도덕은 언제 현실성을 잃는가?
- 두려움과 증오의 경계는 어디에서 갈리는가?
- 오늘날 권력은 어떤 방식으로 정당성을 유지하는가?

010

홉스 Thomas Hobbes, 1588~1679

근대 정치철학의 기초를 세운 영국 사상가로, 사회 질서의 근원을 자연 상태의 공포와 주권의 절대성에서 설명했다.

- **리바이어던**Leviathan │ 개인들이 계약을 통해 만들어낸 인공적 주권체.

"무제한적 자유는 필연적으로 만인의 만인에 대한 투쟁을 초래하며, 생명과 안전을 위협하는 혼란을 가져온다. 그러므로 인간은 자신의 자연적 권리를 일부 포기하고, 강력한 주권자에게 권력을 위임함으로써 사회 질서를 확립해야 한다."

―『리바이어던』, 1651

홉스는 인간을 낙관하지 않는다. 자연 상태의 인간은 자유롭지만, 그 자유는 곧 공포로 이어진다. 누구도 타인을 신뢰할 수 없고, 생명은 언제나 위협받는다.

질서를 위해 인간은 자유를 포기한다. 평화는 자연적으로 주어지지 않는다. 평화는 계약과 강제의 산물이다.

주권은 분산될 수 없다. 권력이 나뉘는 순간, 질서는 무너진다. 강력한 주권만이 폭력을 억제하고 안전을 보장한다.

🚩 더 생각해보기

- 자유와 안전 중 무엇이 우선되어야 하는가?

- 절대적 권력은 언제 정당성을 상실하는가?

- 오늘날 국가 권력은 여전히 '리바이어던'인가?

011

로크 John Locke, 1632~1704

영국 근대 자유주의의 핵심 사상가로, 권력의 정당성을 자연권과 국민의 동의에서 도출했다.

- **자연권** Natural Rights | 정부 이전에 이미 개인에게 주어진 생명·자유·재산에 대한 권리.

- **제한된 정부** Limited Government | 정부는 자연권을 보호하기 위해 존재하며, 그 권한은 명확히 제한되어야 한다는 주장.

"모든 인간은 자연 상태에서 평등하며, 자유롭고 독립적인 존재이다. 그 누구도 타인의 생명, 건강, 자유 또는 재산을 침해할 수 없다. 사람들은 자연권을 더욱 확실히 보장받기 위해 사회계약을 통해 정부를 형성하며, 이 정부는 국민의 동의에 의해 정당성을 가진다."

— 『통치론』, 1689

로크는 인간을 평등하고 자유로운 존재로 출발시킨다. 자연 상태는 무질서가 아니라 권리의 상태다. 문제는 권리가 불안정하다는 점이다.

정부는 권리를 침해하기 위해 만들어지지 않는다. 정부는 권리를 보호하기 위해 형성된다. 따라서 권력은 국민의 동의에 근거해야 한다. 주권은 절대적일 수 없다. 권력이 자연권을 침해하는 순간, 그 권력은 정당성을 상실한다.

더 생각해보기

- 권력은 언제 '보호자'에서 '위협자'로 바뀌는가?
- 동의는 한 번으로 충분한가, 지속적으로 갱신되어야 하는가?
- 오늘날 정부는 자연권을 실제로 보호하고 있는가?

012

몽테스키외 Baron de Montesquieu, 1689~1755

근대 프랑스 정치철학자로 권력 분립이라는 근대 헌정주의의 토대를 놓았다.

- **권력 분립**Separation of Powers │ 입법·행정·사법 권력을 분리하여 권력의 집중을 구조적으로 방지하는 원리.
- **상호 견제**Checks and Balances │ 각 권력이 서로의 남용을 제한하도록 설계된 제도적 장치.

"자유를 보장하기 위해서는 권력이 분리되고 서로 견제하도록 설계되어야 한다. 입법권, 행정권, 사법권이 한 사람 또는 하나의 기관에 집중되면, 그 나라는 자유가 아닌 독재로 나아갈 것이다. 따라서 진정한 자유란 법과 제도가 균형을 이루며, 각 권력이 서로를 견제하는 체제 속에서만 실현될 수 있다."

―『법의 정신』, 1748

몽테스키외는 자유를 감정이나 선언으로 보지 않는다. 자유는 제도의 결과다. 권력은 본성상 확대되며, 집중될수록 남용된다. 따라서 자유를 지키는 방법은 권력을 선한 사람에게 맡기는 것이 아니라, 권력이 서로를 견제하도록 구조화하는 것이다.

정치는 의지의 문제가 아니다. 정치는 설계의 문제다. 자유는 균형 잡힌 제도 안에서만 지속될 수 있다.

- 권력 분립은 효율성과 어떻게 충돌하는가?

- 견제 없는 권력은 왜 위험한가?

- 오늘날 권력 분립은 실제로 작동하고 있는가?

013

토크빌 Alexis de Tocqueville, 1805~1859

근대 프랑스 정치사상가로 자유의 위협이 왕이나 폭군이 아니라 다수 자체에서 발생할 수 있음을 경고했다.

- **다수자 전제** Tyranny of the Majority │ 민주적 절차가 소수의 권리 억압으로 전도될 위험.

"다수는 때때로 개인의 권리를 억압할 수 있으며, 이는 전제정치와 다를 바 없다. 진정한 자유란 단순히 투표권을 행사하는 것이 아니라, 독립적인 사법부, 지역 자치, 언론의 자유, 그리고 시민들이 스스로의 권리를 지킬 수 있는 정치적 문화에서 비롯된다."
─『미국의 민주주의』, 1840

토크빌은 민주주의를 이상화하지 않는다. 민주주의는 자유를 확장하지만, 동시에 새로운 억압을 낳을 수 있다. 그 억압의 주체는 다수다. 다수의 의견은 법과 여론을 통해 개인을 압박할 수 있으며, 이는 전통적 전제정치와 다르지 않다.

절차적 민주주의만으로 자유는 보장되지 않는다. 자유를 지키는 힘은 제도와 문화에서 나온다. 독립적인 사법부, 지방 자치, 언론의 자유, 그리고 시민의 자발적 결사가 필요하다.

더 생각해보기

- 다수의 판단은 언제 폭력이 되는가?
- 절차적 민주주의는 자유를 충분히 보장하는가?
- 오늘날 자유를 지키는 시민적 문화는 얼마나 작동하고 있는가?

014

모어 Thomas More, 1478~1535

근대 영국 인문주의자·정치사상가로 현실 정치의 모순을 비판하기 위해 가상의 사회 모델인 유토피아를 제시하였다.

- **공유 재산**Common Property | 사유 재산이 불평등과 착취의 근원이라는 비판에서 출발한 재산의 공동 소유 원리.
- **유토피아**Utopia | 현실에 존재하지 않지만, 현실을 비판하기 위해 설정된 이상 사회.

"한 사람이 부를 독점하면 다른 많은 사람들이 필연적으로 가난에 빠지게 된다. 만약 모든 재산이 공공의 것이고, 누구나 자신의 필요에 따라 나누어 가진다면, 탐욕과 착취가 사라지고 사회는 진정한 조화를 이룰 수 있을 것이다."
―『유토피아』, 1516

모어는 현실 정치의 부조리를 직접 고발하지 않는다. 대신 다른 사회를 상상함으로써 현실을 비춘다. 모어의 유토피아는 현실이 당연하게 받아들인 질서를 낯설게 만드는 질문이다.

사회의 핵심 문제는 권력이 아니라 재산의 독점이다. 부의 불균형은 탐욕과 범죄를 낳고, 공유 재산은 인간의 도덕을 전제하지 않는다. 오히려 제도가 인간의 행동을 바꾼다.

- 사유 재산은 자유를 보장하는가, 불평등을 고착화하는가?
- 이상 사회를 상상하는 일은 현실 정치에 어떤 의미를 갖는가?
- 오늘날의 유토피아는 어떤 모습이어야 하는가?

015

루소 Jean-Jacques Rousseau, 1712~1778

근대 프랑스 정치철학자로 자유의 상실과 불평등의 기원을 사적 소유와 사회 제도에서 추적했다.

- **자연 상태** State of Nature │ 법과 제도 이전의 상태로, 인간이 비교적 평등하고 자유로웠던 조건.
- **일반의지** General Will │ 개별 이익의 합이 아니라, 공동체 전체의 공익을 지향하는 집합적 의지.

"자연 상태에서 인간은 평등하고 자유로웠으나, 문명이 발전하면서 사적 소유가 등장했고, 그것이 불평등과 억압의 근원이 되었다. 첫 번째 사람이 땅에 울타리를 치고 '이것은 내 것이라'고 선언했을 때부터, 인간 사회에는 갈등과 착취가 시작되었다."
─『인간 불평등 기원론』, 1755

문명은 자유를 확장했지만, 동시에 불평등을 제도화했다. 그 분기점은 사적 소유의 등장이다. 소유는 인간을 비교하게 만들고, 비교는 우열과 지배를 낳는다. 법과 국가는 이 불평등을 고착화하는 방향으로 작동해 왔다.

그러나 루소는 퇴행을 주장하지 않는다. 그는 새로운 정치 원리를 찾는다. 개인의 이익을 넘어 공동의 자유를 지향하는 의지, 곧 일반의지다. 정치는 자연의 복원이 아니다. 정치는 자유를 다시 공적으로 구성하는 시도다.

더 생각해보기

- 사적 소유는 언제 자유의 조건이 되고, 언제 억압의 근원이 되는가?
- 일반의지는 다수의 의견과 어떻게 다른가?
- 공동의 자유는 개인의 자유와 충돌할 수 있는가?

 **밀** John Stuart Mill, 1806~1873

근대 영국 자유주의 사상가 · 경제학자로 자유주의를 개인의 권리에서 사회적 진보의 원리로 확장하였다.

- **사상의 자유** Freedom of Thought │ 의견의 자유로운 표현과 충돌이 진리의 생명력을 유지하는 조건이라는 원리.
- **해악 원칙** Harm Principle │ 개인의 자유는 타인에게 해를 끼치지 않는 한 제한되어서는 안 된다는 기준.

"진리라고 믿는 것이 반대 의견과의 충돌 없이 지속되면, 점차 활력을 잃고 형식적인 독단이 되어버린다. 따라서 우리는 반대 의견을 단순히 용인하는 것이 아니라, 적극적으로 장려해야 하며, 이를 통해 사회적 진보를 이끌어야 한다."
─『자유론』, 1859

밀은 자유를 개인의 방어권으로만 보지 않는다. 자유는 사회 전체의 발전을 위한 동력이다. 반대 의견이 억압되면 진리는 독단이 된다. 반대 의견과의 충돌 속에서만 진리는 살아 움직인다.

자유는 혼란을 낳을 수 있다. 그러나 그 혼란은 정체보다 낫다. 사회는 토론과 실험을 통해 스스로를 교정한다. 정치는 침묵을 만드는 기술이 아니다. 정치는 다른 목소리가 말할 수 있도록 공간을 보장하는 장치다.

더 생각해보기

- 불편한 의견을 허용하는 것은 왜 사회에 필요한가?
- 해악의 기준은 누가, 어떻게 정해야 하는가?
- 오늘날 자유로운 토론의 조건은 충분히 보장되고 있는가?

017

엥겔스 Friedrich Engels, 1820~1895

근대 독일 사회주의 사상가로 마르크스와 함께 역사유물론을 정립하였으며, 국가를 중립적 질서가 아니라 계급 지배의 산물로 분석했다.

· **국가의 소멸** Aufhebung des Staates │ 노동계급의 해방은 국가 권력의 단순한 장악에 있지 않고, 계급 자체가 소멸함과 동시에 국가도 역사적 기능을 상실하는 과정에 있다.

"국가는 본질적으로 한 계급이 다른 계급을 억압하는 도구이며, 따라서 노동계급이 권력을 장악하고 기존의 국가 구조를 철폐하지 않는 한, 참된 해방은 있을 수 없다."
─『가족, 사유재산, 국가의 기원』, 1884

엥겔스는 국가를 필연적 질서로 보지 않는다. 국가는 계급 사회가 만들어낸 역사적 산물이다. 계급이 존재하는 한, 국가는 억압의 도구로 기능한다.

법과 제도는 중립적이지 않다. 그것들은 생산관계와 지배 구조를 반영한다. 따라서 국가는 갈등을 해결하기보다 갈등을 관리한다.

해방은 국가 내부의 개혁으로 이루어지지 않는다. 해방은 계급 지배를 전제로 한 국가 구조 자체가 해체될 때 가능하다.

더 생각해보기

- 국가는 언제 중립적으로 보이고, 언제 억압적으로 드러나는가?
- 제도의 개혁과 구조의 전복은 어떻게 구분되는가?
- 오늘날 국가는 어떤 계급의 이해를 반영하고 있는가?

018

뒤르켐 Émile Durkheim, 1858~1917

근대 프랑스 사회학자로 사회학을 독립된 학문으로 정립하였고, 사회를 개인의 합이 아니라 개인을 초과하는 현실로 분석했다.

· **사회적 사실** Social Facts | 개인의 의지와 무관하게 존재하며 개인을 구속하고 형성하는 사회적 규범·제도·관습.

"사회적 사실은 개인의 외부에 존재하며, 개인의 행동을 강제하는 힘을 가진다. 사회학의 임무는 이러한 사회적 사실을 과학적으로 연구하고, 그것이 어떻게 사회 질서를 유지하고 변화시키는지 분석하는 것이다."

—『사회학적 방법의 규칙들』, 1895

뒤르켐은 사회를 개인의 선택 결과로 보지 않는다. 사회는 이미 존재하며, 개인은 그 안에서 태어나고 형성된다. 규범과 제도는 개인의 바깥에서 작동한다.

이 외재적 질서는 개인을 강제한다. 언어, 도덕, 법은 선택지가 아니다. 개인은 이를 내면화하며 사회적 존재가 된다.

사회학의 과제는 이 강제성을 드러내는 것이다. 사회 질서는 자연적이지 않다. 그것은 분석 가능한 구조다.

더 생각해보기

- 나는 얼마나 사회적 규범에 의해 형성되어 있는가?

- 사회적 강제는 억압인가, 질서의 조건인가?

- 오늘날 사회적 사실은 어떤 방식으로 개인을 통제하는가?

019

베버 Max Weber, 1864~1920

근대 독일 사회학자 · 사회이론가로 합리성이 효율을 낳는 동시에 인간을 구속하는 지배의 형식이 될 수 있음을 경고했다.

- **합리화** Rationalization │ 전통이나 감정보다 계산 · 효율 · 규칙에 의해 사회가 조직되는 과정.

- **관료제** Bureaucracy │ 규칙 · 분업 · 위계에 기반한 가장 효율적이면서도 비인격적인 조직 형태.

- **강철우리** Iron Cage │ 합리적 제도가 개인의 자유와 의미를 구조적으로 제한하는 상태에 대한 은유.

"관료제는 정확성, 신속성, 명확성, 연속성, 분업, 규율, 그리고 신뢰성을 보장하는 최적의 조직 형태이다. 그러나 이와 동시에 인간을 기계적인 톱니바퀴로 만들어버리는 위험을 내포하고 있다."
—『경제와 사회』, 1922

베버는 합리화를 진보로만 보지 않는다. 합리화는 효율과 예측 가능성을 제공하지만, 동시에 인간을 규칙 속에 가둔다. 관료제는 가장 합리적인 조직이지만, 그 합리성은 개인의 판단과 의미를 제거한다.

근대 사회의 위험은 무질서가 아니다. 위험은 너무 잘 작동하는 질서다.

- 효율은 언제 자유를 잠식하는가?
- 관료제는 인간을 보호하는가, 관리하는가?
- 오늘날 우리는 어떤 '강철우리' 안에 있는가?

020

알튀세르 Louis Althusser, 1918~1990

프랑스 마르크스주의 철학자로 국가 권력을 이데올로기적 작동 방식으로 분석하며, 질서가 일상 속에서 재생산되는 과정을 이론화했다.

- **이데올로기**Ideology｜사람들이 세계를 자연스럽게 이해하도록 만드는 지배적 의미 체계.
- **호명**Interpellation｜이데올로기가 개인을 특정한 사회적 주체로 부르는 작동 방식.

"이데올로기는 항상 개인들을 주체로 호명함으로써 작동한다. 개인은 이 호명을 통해 자신이 특정한 사회적 위치에 있는 자유로운 존재라고 믿게 된다. 그러나 이 믿음 자체가 이미 구조화된 이데올로기적 과정의 결과이며, 주체는 언제나 그가 속한 구조 안에서만 존재한다."
─『이데올로기와 이데올로기적 국가기구』, 1970

알튀세르에게 국가는 폭력보다 의미를 통해 유지된다.

개인은 호명을 통해 주체가 된다. 학교에서 배우고, 언론을 소비하며, 가족 속에서 성장하는 과정 자체가 국가의 재생산이다. 질서는 강제되지 않고 내면화된다.

____

____

____

____

____

____

____

____

____

____

____

____

____

더 생각해보기

- 나는 어떤 이데올로기에 의해 '주체'가 되었는가?

- 자유를 느낄 때, 그 자유는 어디까지 구조의 산물인가?

- 오늘날 이데올로기적 국가기구는 어떤 모습으로 작동하는가?

 **스미스** Adam Smith, 1723~1790

근대 스코틀랜드 계몽주의 사상가·경제학자로 사회 질서와 번영이 개인의 자유로운 이익 추구에서 자생적으로 형성될 수 있음을 설명했다.

- **자기이익** Self-interest │ 개인이 자신의 이익을 추구하는 동기. 도덕의 결여가 아니라 사회적 조정의 출발점.

- **보이지 않는 손** invisible hand │ 개인의 이익 추구가 의도치 않게 공공의 이익으로 연결되는 메커니즘.

"우리가 저녁 식사를 기대할 수 있는 건 푸줏간 주인, 술도가 주인, 빵집 주인의 자비심 덕분이 아니라, 그들이 자기 이익을 챙기려는 생각 덕분이다. 우리는 그들의 박애심이 아니라 자기애에 호소하며, 우리의 필요가 아니라 그들의 이익만을 그들에게 이야기할 뿐이다."

─『국부론』, 1776

스미스에게 사회는 자기이익의 조정으로 작동한다. 각자는 자신의 이익을 말하고, 시장은 이를 교환으로 연결한다.

그러나 시장은 도덕을 대체하지 않는다. 시장은 제도와 규칙 속에서만 작동한다. 자유는 방임이 아니라 공정한 틀을 전제로 한다. 사회적 조화는 계획의 산물이 아니다. 조화는 자유로운 상호작용에서 의도치 않게 생성된다.

🚩 더 생각해보기

- 자기이익은 언제 사회적 이익으로 전환되는가?
- 시장의 자유는 어떤 제도적 조건을 필요로 하는가?
- 오늘날 시장은 자유와 평등을 실제로 보장하고 있는가?

022

하이에크 Friedrich August von Hayek, 1899~1992

오스트리아 출신 영국 경제학자·자유주의 사상가로 문명의 발전을 계획이 아닌 자생적 질서의 성과로 이해했다.

- **자생적 질서** Spontaneous Order │ 중앙의 설계 없이 개인의 상호작용 속에서 형성되는 사회 질서.
- **분산된 지식** Dispersed Knowledge │ 사회에 필요한 정보는 개인들 사이에 흩어져 있으며, 중앙에서 집약될 수 없다는 인식.

"개인의 자유는 시장 경제의 자생적 질서 속에서 가장 잘 보장된다. 어떤 중앙 권력도 전체 경제를 효과적으로 계획할 수 없으며, 시장에서 수많은 개인들이 분산된 정보를 바탕으로 내리는 자율적인 결정들이야말로 가장 효율적이고 공정한 사회 질서를 만들어낸다."

—『노예의 길』, 1944

하이에크는 자유를 의도의 문제가 아니라 구조의 문제로 본다.

경제는 복잡한 정보의 집합이다. 이 정보는 개인의 선택 속에 분산되어 있으며, 시장은 이를 조정하는 가장 효율적인 장치다.

계획은 질서를 약속하지만, 실제로는 권력을 집중시키고 다양성을 억압한다. 자유는 통제가 아니라 경쟁과 선택의 분산에서 유지된다.

🚩 더 생각해보기

- 중앙 계획은 언제 자유를 침식하는가?
- 시장의 자생성은 어떤 규칙을 전제로 하는가?
- 오늘날 국가 개입은 어디까지 정당화될 수 있는가?

023

프리드먼 Milton Friedman, 1912~2006

미국 경제학자 · 자유주의 사상가로 정치적 자유의 조건을 경제 권력의 분산에서 찾았다.

- **경제적 자유**economic freedom │ 자발적 교환과 선택을 통해 자원을 활용할 수 있는 자유.

- **경쟁 자본주의**Competitive Capitalism │ 시장 경쟁을 통해 권력이 분산되고 상호 견제가 이루어지는 경제 체제.

"자유의 보존은 권력 집중을 최대한 배제하고, 그것을 분산시키는 데 달려 있다. 경쟁 자본주의는 바로 그것을 해낸다. 그것은 경제 권력을 정치 권력으로부터 분리시켜, 시장이 정부 권력에 대한 견제 역할을 하고 그 반대도 가능하게 만든다."

─『선택할 자유』, 1980

프리드먼은 자유를 정치 제도의 산물로만 보지 않는다. 정치적 자유는 경제적 자유 없이는 유지될 수 없다.

경쟁 자본주의의 핵심은 효율이 아니라 견제다. 시장은 정부 권력을 제한하고, 정부 역시 시장을 규율한다.

자유는 선언으로 보장되지 않는다. 자유는 권력이 분산된 구조 속에서만 지속된다.

____

💡 더 생각해보기

- 경제적 자유는 언제 정치적 자유를 강화하는가?

- 시장은 실제로 권력을 분산시키고 있는가?

- 오늘날 경제 권력은 얼마나 정치로부터 분리되어 있는가?

024

폴라니 Karl Polanyi, 1886~1964

헝가리 출신 경제사가·사회사상가로 시장 자유주의의 전제를 비판하며, 경제를 사회로부터 분리할 수 없다는 통찰을 제시했다.

- **허구적 상품**Fictitious Commodities │ 노동·토지·화폐처럼 본래 상품이 아님에도 시장에서 상품처럼 취급되는 요소들.

- **이중 운동**Double Movement │ 시장 확대와 동시에 사회의 자기보호가 제도화되는 상반된 움직임.

"노동, 토지, 화폐는 진정한 의미의 상품이 아니다. 그러나 시장 체제는 이 세 가지를 상품으로 취급하지 않고서는 작동할 수 없다. 그 결과, 인간의 삶과 자연, 그리고 생산이 시장의 법칙에 따라 파괴된다. 따라서 사회는 스스로를 보호하기 위해 반드시 시장의 자율성에 제약을 가할 수밖에 없다."

─『거대한 전환』, 1944

폴라니는 시장의 자율성을 신화로 본다. 시장은 자연 질서가 아니라 제도적 산물이다. 노동과 토지, 화폐를 상품으로 취급하면 인간의 삶과 자연은 파괴된다. 시장은 스스로 한계를 설정하지 못한다.

따라서 사회는 개입한다. 복지, 규제, 보호는 반시장적 오류가 아니라 사회가 살아남기 위한 반응이다. 경제는 사회 밖에 설 수 없다. 경제는 언제나 사회 속에 내장되어 있다.

🚩 더 생각해보기

- 시장의 자율성은 언제 사회를 위협하는가?
- 보호와 규제는 자유의 적인가, 조건인가?
- 오늘날의 '이중 운동'은 어떤 형태로 나타나는가?

025

마추카토 Mariana Mazzucato, 1968~

이탈리아 태생 경제학자로 혁신의 동력을 민간의 위험 감수만으로 설명하는 통념을 비판하며, 국가를 시장 창출의 주체로 재정의한다.

- **기업가적 국가**Entrepreneurial State │ 위험을 감수하며 장기적 혁신에 선제 투자하는 국가의 역할.
- **시장 창출**Market Shaping │ 국가는 규제자나 보완자가 아니라 새로운 시장을 형성하는 주체라는 관점.

"가장 혁신적인 기술과 산업은 민간이 아니라 공공 부문의 대담한 투자와 정책적 개입을 통해 발전했다. 정부는 단순히 시장 실패를 보완하는 것이 아니라, 새로운 시장을 창출하고 혁신을 주도하는 능동적인 경제 행위자로 기능해야 한다."
─『기업가적 국가』, 2013

마추카토는 혁신을 시장의 자발성으로 설명하지 않는다. 핵심 기술의 다수는 공공의 선제 투자에서 출발했다. 국가는 시장 실패를 뒤따라 수정하는 존재가 아니다. 국가는 방향을 제시하고, 위험을 감당하며, 시장을 만들어낸다.
혁신은 민간과 공공의 협력 산물이다. 자유와 개입은 대립하지 않는다. 방향 없는 시장이야말로 혁신을 가로막는다.

더 생각해보기

- 혁신의 위험은 누가 감당하고 그 결과는 누가 가져가는가?
- 국가는 어디까지 시장을 '설계'할 수 있는가?
- 오늘날 공공 투자는 성과를 어떻게 공유해야 하는가?

026

모겐소 Hans J. Morgenthau, 1904~1980

독일 태생 미국 정치학자·국제정치 이론가로 국제정치를 도덕이나 이상이 아니라 권력의 현실로 분석한 고전적 현실주의의 핵심 인물이다.

- **국익** National Interest ｜ 국가 행동의 기준이 되는 핵심 원리로, 도덕보다 생존과 힘의 계산을 우선한다.
- **권력 균형** Balance of Power ｜ 패권을 방지하고 질서를 유지하는 국제 체제의 작동 원리.

"인간의 본성은 근본적으로 권력을 추구하며, 이러한 본성이 국가의 행동에도 반영된다. 따라서 국제 질서는 협력이 아닌 권력의 균형 속에서 유지될 수밖에 없으며, 국가들은 스스로의 생존과 이익을 위해 힘의 논리를 따를 수밖에 없다."
—『국제정치 이론』, 1948

모겐소는 국제정치를 도덕적 진보의 영역으로 보지 않는다. 국가는 선의로 움직이지 않는다. 국가는 생존을 위해 힘을 계산한다.

국제 질서에는 최종 심판자가 없다. 법과 규범은 존재하지만, 강제할 권력은 분산되어 있다. 이 공백을 메우는 것은 힘의 균형이다.

도덕은 중요하지만, 외교의 기준이 될 수는 없다. 도덕을 절대화하면 오히려 파국을 부른다.

더 생각해보기

- 국제 정치에서 도덕은 어떤 역할을 할 수 있는가?
- 권력 균형은 안정인가, 잠정적 휴전인가?
- 오늘날 국제 질서는 현실주의를 넘어설 수 있는가?

월러스틴 Immanuel Wallerstein, 1930~2019

미국 사회학자로 자본주의를 개별 국가의 문제가 아니라 세계적 구조로 분석하며, 불평등의 원인을 세계체제 차원에서 설명했다.

- **세계체제World-System** │ 단일 국가를 넘어 작동하는 자본주의적 세계 분업 구조.

- **중심 – 반주변 – 주변Core - Semi Periphery - Periphery** │ 생산 · 기술 · 권력의 비대칭에 따라 세계가 위계적으로 조직되는 방식.

"자본주의 세계경제는 중심, 반주변, 주변으로 구성되며, 부유한 중심 국가들은 주변 국가들의 노동과 자원을 착취하며 이익을 축적한다. 이러한 구조는 단순한 국가 간 경쟁이 아니라, 세계경제의 본질적인 특성이다. 따라서 빈곤과 불평등은 개별 국가의 문제가 아니라, 자본주의적 세계체제가 지속적으로 생산하는 구조적 문제이다."

—『근대 세계체제』, 1974

월러스틴에게 빈곤은 세계체제가 정상적으로 작동한 결과다. 중심 국가는 고부가가치 산업을 독점하고, 주변 국가는 저임금 노동과 자원 공급에 묶인다. 이 관계는 발전 단계를 넘어 구조로 고정된다.

국가 간 경쟁은 표면일 뿐이다. 실제로는 세계 분업 체계가 이익과 손실을 미리 배분한다. 불평등은 예외가 아니다. 불평등은 자본주의 세계경제의 핵심 기능이다.

더 생각해보기

- 한 국가는 구조를 벗어나 스스로 발전할 수 있는가?
- 세계화는 불평등을 완화했는가, 고착화했는가?
- 오늘날 중심과 주변의 경계는 어떻게 변하고 있는가?

028

헌팅턴 Samuel P. Huntington, 1927~2008

미국 정치학자·국제정치 이론가로 냉전 이후 세계 질서를 이념이나 국가가 아니라 문명과 문화의 차이로 설명한다.

- **문명**Civilization │ 언어·종교·역사·가치가 공유되는 가장 포괄적인 문화 공동체.
- **문명 충돌**Clash of Civilizations │ 이념이나 경제가 아니라 문화적 정체성의 차이에서 발생하는 갈등.

"문명 간의 충돌이 국제 정치의 중심 단계에서 일어날 것이다. 국가들은 이제 문화적 친화성을 기준으로 연합하거나 대립할 것이다. 주요한 국제적 갈등은 국가들 사이가 아니라 서로 다른 문명에 속한 집단과 국가들 사이에서 발생할 것이다."
─『문명충돌론』, 1996

헌팅턴은 냉전 이후의 세계를 낙관하지 않는다. 이념 대립이 사라진 자리에 정체성의 갈등이 부상한다고 본다. 국가는 여전히 중요하지만, 갈등의 깊은 층위는 문화와 문명이다. 종교와 전통은 쉽게 타협되지 않는다.

문명은 선택이 아니라 귀속이다. 이 귀속은 연대의 근거가 되면서 동시에 충돌의 경계가 된다. 세계 질서는 보편적 가치로 통합되지 않는다. 갈등을 관리하려면 차이를 인정하고 경계해야 한다.

더 생각해보기

· 문화적 차이는 반드시 충돌로 이어지는가?

· 문명은 설명 개념인가, 갈등을 증폭시키는 틀인가?

· 보편적 가치와 문화적 특수성은 공존할 수 있는가?

029

네그리 & 하트 Negri & Hardt, 1933~ / 1960~

이탈리아·미국 정치철학자로 지배와 저항이 모두 전 지구적 네트워크로 재편되었음을 이론화하고 있다.

- **제국**Empire | 단일 국가나 중심 권력이 아니라, 국가·시장·군사·법·담론이 네트워크로 결합된 탈영토적 통치 체계.
- **다중**Multitude | 동질적 계급이 아닌, 차이를 유지한 채 협력하는 새로운 정치적 주체.

"자본주의와 신자유주의에 의해 조직된 새로운 형태의 제국이 등장했다. 이 제국은 국가, 초국적 기업, 국제기구 등이 네트워크처럼 결합하여 작동하며, 전 지구적 차원에서 노동과 자원을 통제한다."
—『제국』, 2000

네그리와 하트는 현대 권력을 '제국'이라 부른다. 제국에는 중심도, 외부도 없다. 지배는 네트워크처럼 확산되어 삶 전체를 포획한다.

그러나 바로 그 지점에서 저항의 가능성도 발생한다. 다중은 통일된 혁명 주체가 아니다. 다중은 차이를 지우지 않고 연결된다. 정치의 핵심은 국가를 점령하는 것이 아니라, 삶이 생산되는 방식 자체를 다시 조직하는 것이다.

권력은 더 이상 위에서 내려오지 않는다. 저항 역시 아래에서만 오지 않는다. 둘은 같은 네트워크 위에서 충돌한다.

더 생각해보기

- 오늘날 권력은 어디에 위치해 있는가?
- 노동은 언제부터 삶 전체를 포획하게 되었는가?
- 다중은 실제 정치적 힘으로 조직될 수 있는가?

030

스티글리츠 Joseph E. Stiglitz, 1943~

미국 경제학자로 시장 효율성의 전제를 비판하며, 불평등과 시장 실패의 원인을 정보 구조와 제도 설계에서 분석한다.

· **정보 비대칭**Information Asymmetry │ 시장 참여자들 사이에 정보 접근과 이해의 불균형이 존재하는 상태.

"시장은 본질적으로 불완전하며, 정보의 비대칭성과 독점적 권력이 존재하는 현실에서 '보이지 않는 손'은 작동하지 않는다. 따라서 정부의 역할은 공정한 경쟁을 보장하고, 불평등을 완화하며, 사회적 정의를 실현하는 것이다."

―『불평등의 대가』, 2012

스티글리츠는 시장의 실패를 예외로 보지 않는다. 실패는 구조적이다. 정보는 고르게 분포되지 않으며, 이 불균형은 권력으로 전환된다.

독점과 금융화는 시장을 왜곡한다. 경쟁은 약화되고, 보이지 않는 손은 멈춘다. 자유는 더 이상 공정한 기회를 의미하지 않는다.

따라서 국가는 시장이 작동하기 위한 조건의 설계자가 되어야 한다. 정의는 성장의 부산물이 아니다. 정의는 의도적으로 설계되어야 한다.

더 생각해보기

- 정보 비대칭은 왜 권력으로 전환되는가?

- 시장의 공정성은 자연적으로 형성될 수 있는가?

- 오늘날 정부 개입은 실패의 원인인가, 조건인가?

031

듀이 John Dewey, 1859~1952

미국 철학자·교육학자로 민주주의를 제도가 아니라 삶의 방식으로 이해하며, 공중의 형성과 유지를 교육의 핵심 과제로 제시하였다.

- **공중**Public | 시공적 문제를 인식하고 함께 숙의하며 행동하는 시민들의 형성체.
- **경험으로서의 교육** | 지식 전달이 아니라 문제 해결과 소통을 통해 성장하는 학습 과정.

"민주주의는 단순한 정치 체제가 아니다. 민주주의는 일상적인 삶에서 끊임없이 학습하고 소통하는 사회적 과정이다. 교육은 민주적 사회를 유지하고 발전시키는 핵심 요소이다."
―『민주주의와 교육』, 1916

듀이는 민주주의를 완성된 체제로 보지 않는다. 민주주의는 계속 만들어져야 하는 과정이다. 정치는 투표일에만 존재하지 않는다. 정치는 배우고 말하고 협력하는 일상 속에서 지속된다.

공중은 자연스럽게 생기지 않는다. 공중은 교육을 통해 형성된다. 문제를 인식하고, 토론하며, 함께 해결하는 능력은 교육의 결과다. 교육은 중립적이지 않다. 교육은 시민을 만든다. 침묵하는 개인을 키울 수도, 참여하는 공중을 만들 수도 있다.

![lamp] **더 생각해보기**

- 오늘날 교육은 공중을 형성하고 있는가?

- 학습과 토론의 기회는 누구에게 열려 있는가?

- 민주주의는 학교 밖에서 어떻게 연습될 수 있는가?

032

아렌트 Hannah Arendt, 1906~1975

독일 태생 미국 정치철학자로 정치를 통치의 기술이 아니라 공적 세계에서의 행위와 말함으로 재정의한다.

- **공적 영역** Public Realm │ 사람들이 서로를 드러내며 말하고 행동하는 공동의 공간.
- **행위** Action │ 예측 불가능성과 시작의 능력을 지닌 정치적 실천의 핵심.

"자유는 공적인 공간에서 서로의 의견을 나누고, 정치적 행동을 통해 세상을 변화시키는 데서 존재한다. 정치는 통치자가 국민을 다스리는 것이 아니라, 사람들이 함께 논의하고 결정하는 과정이다. 우리가 정치적 대화와 행동을 멈출 때, 민주주의는 사라지고 권위주의가 그 자리를 차지하게 된다."
─『인간의 조건』, 1958

아렌트에게 정치는 사람들이 함께 나타나 말하고 행동하는 공적 사건이다.
자유는 공적 공간에서 타인과 함께 시작할 때 실현된다. 정치적 침묵은 중립이 아니다. 침묵은 공적 세계의 붕괴이며, 그 자리를 권위주의가 채운다.

더 생각해보기

- 오늘날 공적 영역은 어디에 존재하는가?
- 말하지 않음은 언제 정치적 선택이 되는가?
- 사유는 어떻게 행위로 이어질 수 있는가?

033

하버마스 Jürgen Habermas, 1929~

독일 철학자·사회이론가로 민주주의의 정당성을 의사소통과 공적 토론
에서 찾으며, 근대 이후 공론장의 성립과 위기를 체계적으로 분석하였다.

- **공론장** Public Sphere │ 사적 이해를 넘어 공공의 문제를 이성적으로
  토론하는 사회적 공간.
- **의사소통 행위** communicative action │ 강제나 계산이 아니라 이해와
  합의를 목표로 하는 이성의 형식이자 행위.

"이상적인 공론장에서는 권력과 경제적 이해관계로부터 독립된
토론이 이루어지며, 오직 논리와 이성에 근거한 의견만이 정당성
을 인정받는다. 하지만 현대 사회에서 공론장은 점점 사유화되고
있으며, 미디어와 경제적 권력이 대중의 여론 형성 과정에 개입하
면서 민주적 토론이 왜곡되는 위기에 처해 있다."
― 『공론장의 구조 변동』, 1962

근대 시민사회는 공론장을 통해 형성되었지만, 현대 사회에서 공론장은 점차 사유화
된다. 여론은 토론이 아니라 조작의 대상이 된다.

문제는 말의 부족이 아니다. 문제는 말할 수 있는 조건이다. 미디어 구조와 경제 권력
이 이 조건을 바꾼다. 공론장의 부활은 회귀가 아니다. 그것은 제도와 매체, 시민 역량
을 다시 설계하는 정치적 과제다.

더 생각해보기

- 오늘날 공론장은 어디에서 형성되는가?

- 자유로운 토론의 조건은 무엇에 의해 훼손되는가?

- 디지털 미디어는 공론장을 확장하는가, 분열시키는가?

034

그람시 Antonio Gramsci, 1891~1937

이탈리아 마르크스주의 사상가로, 권력이 강제만이 아니라 문화와 일상적 상식 속에서 작동함을 분석하였다.

- **헤게모니**Hegemony │ 지배가 폭력보다 상식·도덕·문화적 동의를 통해 유지되는 상태.
- **진지전**War of Position │ 국가 권력을 직접 공격하기보다 문화와 시민사회에서 장기적으로 헤게모니를 전환하는 전략.

"혁명은 단순한 무력 투쟁이 아니라, 먼저 문화적·지적 전선을 구축하고, 지배 이데올로기에 맞설 대안적 헤게모니를 형성하는 데서 시작된다."
―『옥중수고』, 1929~1935

그람시는 권력을 눈에 보이는 폭력으로만 보지 않는다. 권력은 일상적 상식과 문화 속에서 자연스러운 질서로 작동한다.

혁명은 사건이 아니라 과정이다. 먼저 세계를 해석하는 틀이 바뀌어야 정치적 변화가 가능하다. 지배 계급은 무력 이전에 의미를 장악한다. 따라서 대안은 무기가 아니라 다른 이야기와 가치의 조직이다.

더 생각해보기

- 오늘날의 '상식'은 누구의 이해를 반영하는가?

- 문화는 권력을 강화하는가, 전복하는가?

- 대안적 헤게모니는 어디에서 형성될 수 있는가?

035

호르크하이머 & 아도르노
Max Horkheimer & Theodor W. Adorno,
1895~1973 / 1903~1969

독일 비판이론가들로, 계몽과 이성이 해방이 아니라 지배의 도구로 전화되는 과정을 분석하였다.

- **도구적 이성**Instrumental Reason │ 목적과 의미를 묻지 않고 효율과 통제만을 추구하는 이성의 형식.
- **문화산업**Culture Industry │ 문화가 비판과 해방의 힘을 잃고 대량 생산·소비되는 산업 상품으로 전환된 상태.

"영화, 라디오, 잡지 등은 더 이상 예술이 아니라, 산업의 일부가 되었으며, 표준화된 형태로 생산되고 소비된다. 이러한 문화의 상업화는 사람들을 수동적이고 순응적인 존재로 만들며, 그들이 현실의 억압을 인식하지 못하게 한다."
―『계몽의 변증법』, 1944

호르크하이머와 아도르노는 계몽을 무조건적인 진보로 보지 않는다. 이성은 인간을 해방했지만, 동시에 세계를 지배 가능한 대상으로 환원했다.
문화산업은 오락을 제공하지만, 비판 능력을 마비시킨다. 대중은 즐기지만 질문하지 않는다. 억압은 강제에서 오지 않는다. 억압은 즐거움과 합리성의 얼굴로 다가온다.

- 오늘날 문화는 비판의 장인가, 순응의 장인가?

- 효율과 합리성은 언제 인간성을 침식하는가?

- 우리는 스스로 생각하고 있는가, 소비하고 있는가?

036

맥루한 Marshall McLuhan, 1911~1980

캐나다 출신 커뮤니케이션 사상가로, 미디어를 단순한 전달 수단이 아니라 인간의 지각과 사회 구조를 재편하는 환경으로 이해하였다.

- **미디어는 메시지다**The Medium Is the Message │ 콘텐츠보다 미디어의 형식과 구조가 사회에 미치는 영향이 더 중요하다는 명제.
- **확장으로서의 미디어**Media as Extensions of Man │ 미디어는 인간의 감각과 신체, 인지를 기술적으로 확장하는 장치.

"미디어 자체가 메시지다. 우리가 새로운 기술을 받아들일 때, 그 기술이 전달하는 콘텐츠보다 더 중요한 것은 바로 그 기술이 인간과 사회를 어떻게 변화시키는가이다."
―『미디어의 이해』, 1964

맥루한은 미디어를 중립적 도구로 보지 않는다. 문제는 무엇을 보느냐가 아니라 어떻게 보도록 길들여지는가다. 인쇄술, 라디오, 텔레비전, 디지털 미디어는 각기 다른 인간을 만들어낸다.

기술은 선택의 대상처럼 보이지만, 일단 채택되면 환경이 된다. 사람들은 메시지를 소비하지만, 실제로는 형식에 의해 규정된다.

 2부 │ 사회와 힘

💡 더 생각해보기

· 오늘날 가장 강력한 '메시지'는 무엇인가?

· 우리는 콘텐츠를 선택하고 있는가, 형식에 의해 선택되고 있는가?

· 디지털 미디어는 공론장을 확장하는가, 재편하는가?

037

보드리야르 Jean Baudrillard, 1929~2007

프랑스 사회이론가로, 현대 사회가 기호와 이미지의 자기증식 속에서 현실을 대체하는 과정을 분석하며, 의미와 비판이 사라진 투명한 지배의 양식을 비판하였다.

- **시뮬라크르** Simulacra │ 원본을 모방하는 표상이 아니라, 원본 자체를 대체해버린 기호의 체계.

- **투명성의 지옥** Hell of Transparency │ 은폐가 사라지고 모든 것이 노출되지만, 그로 인해 의미와 저항이 불가능해진 상태.

"현대 사회는 이미지와 기호가 끊임없이 재생산되며, 원본과 복제의 구분이 사라지는 시뮬라크르 상태에 빠져 있다. 사람들은 진짜 현실이 아니라, 미디어가 만들어낸 인공적인 현실 속에서 살아가며, 그것이 진짜라고 믿는다."

─『시뮬라시옹』, 1981

이미지는 현실을 반영하지 않는다. 이미지는 현실을 대체한다. 사람들은 현실을 경험한다고 믿지만, 실제로는 기호의 순환 속에 머문다. 보드리야르는 권력이 더 이상 숨지 않는다고 본다. 권력은 투명해진다. 모든 것이 드러나지만, 그 드러남 속에서 의미는 증발한다.

더 생각해보기

- 오늘날 우리는 무엇을 '현실'이라 부르는가?
- 투명성과 공개는 언제 자유를 약화시키는가?
- 비판은 어떤 조건에서 가능해지는가?

038

푸코 Michel Foucault, 1926~1984

프랑스 철학자로, 권력을 소유나 명령이 아니라 규율·담론·지식의 미시적 작동으로 분석하며, 현대 사회가 개인을 어떻게 형성하고 통제하는지를 해부하였다.

- **규율 권력** Disciplinary Power | 강제보다 훈련과 습관을 통해 신체와 행동을 표준화하는 권력의 형식.

- **판옵티콘** Panopticon | 항상 감시될 수 있다는 가능성만으로 자기 통제를 유도하는 감시 모델.

"현대 사회는 감옥처럼 동작한다. 사람들은 항상 감시받고 있다는 느낌 속에서 스스로를 통제하게 되며, 이것이 권력이 작동하는 방식이다."

—『감시와 처벌』, 1975

푸코에게 권력은 위에서 내려오는 명령이 아니다. 권력은 일상 속에서 미세하게 작동한다. 학교, 병원, 군대, 공장은 모두 규율의 장치다.

감시는 폭력을 필요로 하지 않는다. 감시의 가능성만으로도 개인은 스스로를 통제한다. 권력은 외부가 아니라 내면화된다.

더 생각해보기

- 우리는 언제 스스로를 감시하고 있는가?

- 정상과 비정상은 누가, 어떻게 정하는가?

- 자유는 권력 바깥에 있는가, 권력 속에서 구성되는가?

039

부르디외 Pierre Bourdieu, 1930~2002

프랑스 사회학자로, 사회적 불평등이 제도와 의식의 수준을 넘어 습관 · 취향 · 몸의 감각 속에서 재생산되는 과정을 분석하였다.

- **아비투스**Habitus ｜ 사회적 위치에 따라 형성된 지각 · 판단 · 행동의 지속적 성향.
- **상징적 폭력**Symbolic Violence ｜ 강제가 아니라 인정과 자연화의 방식으로 작동하는 지배.

"사회는 단순한 개인들의 집합이 아니다. 개인의 행동은 보이지 않는 구조들에 의해 형성되며, 사람들은 자신의 위치에 따라 특정한 습관과 성향을 내면화한다. 이러한 내면화된 성향이 바로 아비투스이다."

―『구별』, 1979

부르디외는 불평등을 의식적 선택의 결과로 보지 않는다. 불평등은 몸에 새겨진다. 말투, 취향, 태도는 계급의 흔적이다. 아비투스는 개인의 자유를 부정하지 않는다. 그러나 그 자유는 이미 형성된 가능성의 범위 안에서 행사된다.

학교와 문화는 중립적이지 않다. 그것들은 특정 자본을 보편적 기준으로 만들며, 차이를 능력의 차이로 오인하게 한다.

- 나의 취향과 선택은 어디까지 사회적으로 형성되었는가?

- 능력의 차이는 언제 구조의 효과가 되는가?

- 불평등은 어떻게 '당연한 것'처럼 받아들여지는가?

040

바우만 Zygmunt Bauman, 1925~2017

폴란드 태생 사회학자로, 현대 사회를 고정된 구조가 해체된 유동적 조건으로 분석하며, 불안과 자유가 공존하는 시대에서 연대의 가능성을 비판적으로 탐구하였다.

- **액체 현대**Liquid Modernity │ 제도와 정체성이 고정되지 않고 유동적으로 변화하는 현대 사회의 조건.

- **불안정한 연대**Fragile Solidarity │ 지속적 관계 대신 임시적 연결로 형성되는 연대의 취약성.

"현대 사회에서 개인은 전통적인 구조에 의해 보호받지 못하며, 끊임없이 자기 자신을 재구성해야 하는 부담을 짊어지게 된다. 이러한 유동성은 자유와 가능성을 제공하지만, 동시에 불안과 소외를 초래한다. 현대인은 안정성을 추구하지만, 끊임없이 변화해야만 하는 딜레마 속에서 살아가고 있다."

─『유동하는 현대』, 2000

바우만은 현대성을 '액체'로 비유한다. 형태를 유지하지 못하고 끊임없이 변하는 조건 속에서 개인은 스스로를 계속 설계해야 한다.

연대는 어려워진다. 관계는 가볍고 일시적이며, 공동의 책임은 회피된다. 그럼에도 연대는 필요하다. 문제는 연대를 선언하는 것이 아니라, 불안정한 조건 속에서 연대를 지속할 수 있는 제도와 감수성을 만드는 일이다.

____

____

____

____

____

____

____

____

____

____

____

____

____

____

____

____

💡 더 생각해보기

- 오늘날 불안은 개인의 문제인가, 사회의 조건인가?

- 유동성은 자유를 확장하는가, 책임을 전가하는가?

- 지속 가능한 연대는 어떤 형태를 가질 수 있는가?

041

지젝 Slavoj Žižek, 1949 ~

슬로베니아 철학자로, 현대 이데올로기가 강요나 무지가 아니라 자각된 순응과 욕망의 구조 속에서 작동함을 분석하며, 체제가 어떻게 비판을 흡수하면서 유지되는지를 해부하였다.

- **이데올로기의 숭고화** The Sublime Object of Ideology │ 이데올로기가 거짓을 숨기는 장치가 아니라, 모순을 알면서도 체제를 지속하게 만드는 욕망의 대상이 되는 현상.

- **향유** Jouissance │ 합리적 이익을 넘어 체제 속에서 반복적으로 얻는 모순적 만족.

"오늘날 이데올로기는 단순한 세뇌가 아니다. 오히려 사람들은 자신이 속한 체제가 불완전하고 문제가 많다는 것을 알면서도, 그 체제 내에서 살아가는 방식을 받아들이는 것이다. 우리는 시스템을 전복하려 하기보다는, 시스템 내에서 어떻게든 더 나은 삶을 찾으려 하며, 이것이야말로 현대 이데올로기의 핵심이다."
— 『이데올로기라는 숭고한 대상』, 1989

이데올로기의 힘은 설득이 아니라 향유에 있다. 사람들은 체제 속에서 불평하면서도 떠나지 않는다.

전복은 인식에서 시작되지 않는다. 전복은 우리가 무엇에서 만족을 얻고 있는지를 묻는 데서 시작된다.

더 생각해보기

- 비판은 언제 어떻게 체제를 강화하는가?
- 우리는 어떤 방식으로 체제에 '향유'하고 있는가?
- 진정한 전복은 어디에서 가능해지는가?

042

벌린 Isaiah Berlin, 1909~1997

영국 정치철학자로, 자유 개념의 내부 분화를 분석하며 자유주의가 전체주의로 전도될 위험을 경계하고, 정치에서 가치의 다원성을 옹호하였다.

- **소극적 자유**Negative Liberty ｜ 타인의 간섭이나 강제로부터 방해받지 않는 자유.

- **적극적 자유**Positive Liberty ｜ 자기 삶의 주인이 되어 스스로의 목적에 따라 행동할 수 있는 능력.

"나는 타인으로부터 간섭받지 않을 때 자유롭다고 느낀다. 그러나 자유란 단순히 방해받지 않는 상태가 아니라, 내가 원하는 방식으로 행동할 수 있는 능력이기도 하다."

—『자유론』, 1969

벌린은 자유를 하나의 개념으로 환원하지 않는다. 자유에는 서로 다른 의미가 있으며, 그 긴장 자체가 정치의 핵심이다.

적극적 자유는 자기 실현의 언어를 사용하지만, 그것이 집단의 '진정한 의지'로 규정될 때 강제가 정당화될 수 있다.

더 생각해보기

- 적극적 자유는 언제 해방이 되고, 언제 강제가 되는가?
- 자유를 보호하기 위해 포기해야 하는 것은 무엇인가?
- 가치 충돌을 인정하는 정치는 어떤 태도를 요구하는가?

043

롤스 John Rawls, 1921~2002

미국 정치철학자로, 자유와 평등의 충돌을 절차적 설계로 조정하며, 공정한 사회 제도의 정당성을 정의의 원칙에서 도출하려 했다.

- **무지의 베일**Veil of Ignorance │ 자신의 사회적 위치를 모른 채 정의의 원칙을 선택하도록 설정한 사고실험.

- **차등 원칙**Difference Principle │ 불평등이 허용되려면 가장 불리한 사람에게 최대 이익이 되어야 한다는 원칙.

"사회적·경제적 불평등은 사회의 가장 불리한 구성원들에게 최대한의 이익을 제공하는 방식으로 조정될 때에만 정당화될 수 있다. 또한 모든 사람에게 공정한 기회가 균등하게 주어지는 체계 내에서만 이러한 불평등이 허용될 수 있다."
— 『정의론』, 1971

롤스는 정의를 결과가 아니라 설계의 문제로 본다. 누가 이득을 얻을지 모르는 상황에서 선택된 규칙만이 공정하다. 무지의 베일은 이기심을 제거하지 않는다. 대신 이기심이 공정한 규칙을 선택하도록 유도한다.
불평등은 전면 부정되지 않는다. 불평등은 조건부로 허용된다. 그 조건은 가장 약한 사람의 이익이다.

더 생각해보기

- 공정성은 의도의 문제인가, 제도의 문제인가?
- 가장 불리한 사람의 기준은 누가, 어떻게 정하는가?
- 오늘날의 제도는 무지의 베일을 통과할 수 있는가?

044

노직 Robert Nozick, 1938~2002

미국 정치철학자로, 개인의 권리를 정치의 출발점으로 삼아 국가 권력을 최소화해야 한다는 자유지상주의 이론을 체계화하였다.

- **최소국가**Minimal State │ 개인의 생명·자유·재산을 보호하는 최소한의 기능만 수행하는 국가.

- **정당한 소유 이론**Entitlement Theory of Justice │ ① 정당한 획득Justice in Acquisition, ② 정당한 이전 Justice in Transfer, ③ 부정의에 대한 정정 Justice in Rectification이라는 과정의 정당성이 충족될 때 소유는 정의롭다고 보는 이론.

"개인은 자신의 삶을 스스로 계획할 권리를 가지며, 국가가 이를 방해해서는 안 된다. 국가는 개인의 자유를 침해하면서까지 특정한 분배적 정의를 강요해서는 안 되며, 정부의 역할은 개인의 자유를 보호하는 최소한의 기능에 한정되어야 한다."
―『아나키, 국가, 유토피아』, 1974

노직은 정의를 분배의 설계로 보지 않는다. 정의는 침해의 부재다. 누군가의 권리를 침해하지 않았다면 결과는 정의롭다.
자유는 보호되어야 할 것이지, 조정되어야 할 대상이 아니다. 정치는 개인이 자신의 삶을 설계할 공간을 보장하는 일이다.

더 생각해보기

· 분배의 공정성은 결과와 과정 중 어디에 있는가?

· 자유 보호와 불평등 완화는 양립 가능한가?

· 최소국가는 사회적 약자를 충분히 보호할 수 있는가?

045

누수바움 Martha C. Nussbaum, 1947~

미국 정치철학자로, 정의를 자원의 분배가 아니라 사람들이 실제로 살아낼 수 있는 삶의 역량에서 평가해야 한다는 관점으로 자유주의 정의론을 확장하였다.

- **역량 접근**Capability Approach | 형식적 권리나 자원 보유가 아니라 실제로 가능한 행위와 삶의 범위를 기준으로 정의를 평가하는 관점.

- **기본 역량 목록**Central Capabilities | 존엄한 삶에 필수적인 신체·정서·사유·관계·정치적 참여 등의 최소 기준.

"우리는 정의를 단순한 자원의 분배로 측정할 수 없다. 진정한 정의란, 사람들이 실제로 무엇을 할 수 있고, 무엇이 될 수 있는가를 평가하는 것이다."
—『역량의 창조』, 2011

누수바움은 동일한 분배가 동일한 정의를 보장하지 않는다고 본다. 사람들은 서로 다른 조건과 제약 속에 있다.

정의의 기준은 '무엇을 받았는가'가 아니라 '무엇을 할 수 있는가'다. 형식적 자유는 실제 역량으로 전환되지 않으면 공허하다.

정의는 평균의 문제가 아니다. 정의는 가장 취약한 조건에서 인간다운 삶이 가능한지를 묻는 일이다.

더 생각해보기

· 동일한 권리는 서로에게 동일한 자유를 보장하는가?

· 국가의 개입은 언제 보호가 되고, 언제 간섭이 되는가?

· 존엄의 최소 기준은 누가, 어떻게 정해야 하는가?

046

샌델 Michael J. Sandel, 1953~

미국 정치철학자로, 정의를 자원의 분배가 아니라 사람들이 실제로 살아
낼 수 있는 삶의 역량에서 평가해야 한다는 관점으로 자유주의 정의론을
확장하였다.

- **공동체주의**Communitarianism | 개인의 권리와 선택이 공동체의 가
  치 · 전통 · 정체성 속에서 형성된다는 관점.
- **정의의 도덕적 차원**Moral Dimension of Justice | 중립적 규칙을 넘어 선
  과 가치에 대한 판단을 포함해야 한다는 주장.

"정의는 단지 사물을 올바르게 분배하는 방식에 관한 문제가 아니
다. 정의는 사물이 지니는 가치를 올바르게 평가하는 방식에 대한
것이기도 하다. 그리고 때로 사람들에게 무엇이 마땅한지를 알기
위해서는, 그들이 어떤 사람인지, 무엇을 했는지, 어떤 가치를 지
향하는지를 알아야 한다."
−『정의란 무엇인가』, 2009

샌델은 정의를 절차의 공정성으로 환원하는 관점을 비판한다. 어떤 것을 분배할지, 왜
분배할지에는 이미 가치 판단이 개입한다. 정치는 중립적 심판이 될 수 없다. 공동체가
무엇을 소중히 여기는지에 대한 토론이 배제될 때, 정의는 공허해진다.
능력과 성취를 개인의 공로로만 환원하면, 불운과 구조의 영향은 가려진다. 정의는 성
취의 평가 방식 자체를 묻는다.

더 생각해보기

· 정의는 중립적일 수 있는가?

· 성취는 어디까지 개인의 공로인가?

· 공공의 선에 대한 토론은 어떻게 가능한가?

047

호네트 Axel Honneth, 1949~

독일 사회철학자로, 사회적 갈등의 근원을 분배가 아니라 인정의 결핍에서 찾으며, 인간의 자아 형성이 상호인정의 관계 속에서 이루어진다고 분석하였다.

- **인정** Recognition │ 타인으로부터 존중·사랑·권리를 인정받음으로써 자아가 형성되는 사회적 조건.
- **인정 투쟁** Struggle for Recognition │ 존엄과 자율을 확보하기 위해 사회적 갈등이 발생하는 근본적 동력.

"인간은 타인과의 상호작용을 통해 자신의 가치를 확인하며, 이러한 인정이 부족할 때 우리는 사회적 고립과 소외를 경험하게 된다."
―『인정 투쟁』, 1992

호네트에게 인정은 부차적 보상이 아니라 자기 실현의 조건이다. 갈등은 무시와 배제에 대한 도덕적 반응이다. 사회 투쟁은 존엄을 회복하려는 시도다.

분배가 공정해도 인정이 결핍되면 사회는 병들 수 있다. 정의로운 사회란 모두가 스스로를 가치 있는 존재로 경험할 수 있는 인정의 제도화가 이루어진 사회다.

더 생각해보기

- 무시는 왜 개인을 깊이 상처 입히는가?
- 분배 정의와 인정 정의는 어떻게 충돌하거나 보완되는가?
- 오늘날의 사회 갈등은 어떤 인정 결핍에서 비롯되는가?

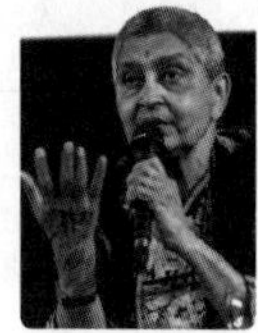

048

스피박 Gayatri Chakravorty Spivak, 1942 ~

인도 출신 포스트식민 이론가로, 지식·권력·담론이 주변화된 주체의 목소리를 어떻게 가로채고 대리하는지를 비판적으로 분석하였다.

- **서발턴**Subaltern │ 지배적 권력·지식·담론의 바깥으로 밀려나 자기 목소리가 제도적으로 삭제된 주체.

- **담론적 대리**Discursive Representation │ 타인을 대신해 말함으로써 그들의 발화를 다시 침묵시키는 재현의 폭력.

"서발턴은 스스로 말할 수 있는가? 아니, 그들은 말할 수 없다. 왜냐하면 그들의 목소리는 지배적인 담론 속에서 끊임없이 억압되고, 가려지고, 번역되기 때문이다."
—『서발턴은 말할 수 있는가?』, 1988

스피박은 "말할 수 없음"을 능력의 결핍으로 보지 않는다. 문제는 발화의 조건이다. 말은 존재하지만, 들릴 수 있는 자리에 오르지 못한다.
해방은 발언권을 '주는' 일이 아니다. 해방은 누가 말할 수 있는 자리인가를 재구성하는 일이다.

- 누군가를 '대신 말해주는 것'은 언제 폭력이 되는가?
- 지식 생산에서 누가 말하고, 누가 지워지는가?
- 침묵을 존중하는 정치란 가능한가?

049

크렌쇼 Kimberlé Williams Crenshaw, 1959~

미국 법학자이자 비판적 인종 이론가로, 차별이 단일한 정체성 축이 아니라 복수의 권력 축이 교차하는 지점에서 발생함을 이론화하였다.

· **교차성** Intersectionality │ 인종·젠더·계급 등 복수의 정체성 축이 동시에 작동하며 차별을 구성하는 구조.

"흑인 여성은 단순히 흑인이라는 이유로, 혹은 여성이라는 이유로만 차별받는 것이 아니다. 이 두 가지 정체성이 교차하는 지점에서 새로운 억압의 형태가 발생하며, 기존의 법과 정책은 이를 충분히 고려하지 못한다."

─『인종과 성 교차성의 주류화』, 1989

크렌쇼는 차별을 더하는 문제가 아니라 겹치는 문제로 본다. 억압은 합산되지 않고, 교차점에서 질적으로 달라진다. 법과 정책은 평균적 주체를 상정한다. 그 결과 교차적 위치에 놓인 사람들은 보호의 사각지대에 남는다. 보이지 않는 것은 존재하지 않는 것이 아니라, 보이지 않게 만드는 구조가 있기 때문이다.

―――――――――――――――――――――――――――――――――――

―――――――――――――――――――――――――――――――――――

―――――――――――――――――――――――――――――――――――

―――――――――――――――――――――――――――――――――――

―――――――――――――――――――――――――――――――――――

―――――――――――――――――――――――――――――――――――

―――――――――――――――――――――――――――――――――――

―――――――――――――――――――――――――――――――――――

―――――――――――――――――――――――――――――――――――

―――――――――――――――――――――――――――――――――――

―――――――――――――――――――――――――――――――――――

―――――――――――――――――――――――――――――――――――

―――――――――――――――――――――――――――――――――――

🔦 더 생각해보기

- 단일한 범주 분석은 무엇을 놓치는가?
- 정책은 교차적 차별을 어떻게 포착할 수 있는가?
- '대표성'은 교차성을 충분히 반영하는가?

050

버틀러 Judith Butler, 1956~

미국 철학자이자 젠더 이론가로, 정체성이 본질이 아니라 반복되는 수행과 규범의 효과임을 밝히며, 젠더와 주체의 자연성을 비판적으로 해체하였다.

- **수행성**Performativity │ 정체성이 내면의 본질이 아니라 반복되는 행위와 규범을 통해 구성된다는 개념.

- **젠더 규범**Gender Norms │ 사회가 정상으로 요구하는 행동 · 표현 · 몸의 기대치.

"젠더는 우리가 본질적으로 가지고 태어나는 것이 아니다. 그것은 우리가 반복적으로 수행하며 사회적으로 구성되는 것이다. 우리는 특정한 젠더 정체성을 연기하도록 강요받지만, 이러한 수행성을 뒤흔들고 전복할 가능성 또한 존재한다."
―『젠더 트러블』, 1990

버틀러는 "나는 누구인가"라는 질문을 본질에서 떼어낸다. 정체성은 소유물이 아니라 과정이다.

우리는 이미 규범 속에서 말하고 움직인다. 자유는 규범을 다르게 수행하는 방식에서 생겨난다.

 2부 │ 사회와 힘

- 정체성은 어디까지 선택이고, 어디까지 요구인가?

- 반복은 왜 규범을 강화하면서도 흔들 수 있는가?

- 전복은 거부가 아니라 다른 수행일 수 있는가?

051

킴리카 Will Kymlicka, 1962~

미국 철학자이자 젠더 이론가로, 정체성이 본질이 아니라 반복되는 수행과 규범의 효과임을 밝히며, 젠더와 주체의 자연성을 비판적으로 해체하였다.

- **다문화주의 시민권**Multicultural Citizenship │ 형식적 평등을 넘어 문화적 차이를 고려한 시민권의 확장 개념.
- **집단 차별화 권리**Group-Differentiated Rights │ 개인의 자유를 침해하지 않는 범위에서 소수 집단의 문화와 자율성의 유지 권리.

"다문화주의는 소수집단이 다수 문화에 동화되도록 강요하는 것이 아니라, 다양한 문화가 공존하고 상호 존중할 수 있도록 제도적 지원을 제공하는 방식으로 이해되어야 한다. 따라서 다문화주의는 특정 집단에 특권을 부여하는 것이 아니라, 모든 시민이 자신의 문화를 유지하면서도 평등한 사회적 기회를 누릴 수 있도록 돕는 것이다."

—『다문화주의 시민권』, 1995

킴리카는 자유주의를 포기하지 않는다. 그는 자유주의를 현실화하려 한다. 형식적 평등만으로는 실질적 자유가 보장되지 않는다.

다문화주의는 특권 요구가 아니다. 다문화주의는 불리한 출발선을 보정하는 제도적 장치다. 정의는 동일 대우가 아니라, 차이를 고려한 공정한 대우를 요구한다.

- 문화 보호는 언제 자유의 조건이 되고, 언제 억압이 되는가?
- 집단 권리는 개인의 권리와 어떻게 조화될 수 있는가?
- 다문화 사회에서 시민적 연대는 무엇을 기반으로 가능한가?

052

프레이저 Nancy Fraser, 1947~

미국 사회철학자로, 사회 정의를 분배나 인정 중 하나로 환원하는 접근을 비판하며, 경제·문화·정치의 다차원적 억압 구조를 동시에 전환하는 반-헤게모니 전략을 제시하였다.

- **이중 정의**Bivalent Justice ｜ 분배Distribution와 인정Recognition을 서로 환원하지 않고 동시에 다루어야 한다는 정의 개념.
- **참여의 동등성**Parity of Participation ｜ 모든 사람이 사회적 상호작용과 정치적 의사결정에 동등하게 참여할 수 있는 조건.

"진정한 사회 정의는 모든 개인이 물질적으로 보장받을 뿐만 아니라, 자신의 정체성이 사회적으로 존중받고, 정치적으로 동등하게 참여할 수 있는 권리를 가질 때 이루어진다."
—『분배냐 인정이냐?』, 공저: 악셀 호네트, 2005

프레이저는 정의를 하나의 차원으로 환원하는 모든 이론을 경계한다. 인정만 강조하면 물질적 불평등이 가려지고, 분배만 강조하면 문화적 억압이 지속된다.
정의의 핵심은 보상이 아니라 참여 가능성이다. 누가 말할 수 있고, 누가 결정에 영향력을 갖는지가 기준이다. 해방은 포용의 언어가 아니라 구조의 재편에서 가능하다.

더 생각해보기

· 인정 정치가 언제 신자유주의와 결합되는가?

· 분배 · 인정 · 대표는 어떻게 함께 설계될 수 있는가?

· 오늘날 반-헤게모니는 어떤 실천을 요구하는가?

053

라투르 Bruno Latour, 1947~2022

프랑스 철학자이자 과학기술학 이론가로, 사회를 인간 행위의 결과로만 보던 관점을 비판하며, 인간과 비인간이 함께 구성하는 네트워크적 세계관을 제시하였다.

- **행위자-네트워크 이론**Actor–Network Theory, ANT │ 사회는 인간과 비인간 행위자들이 상호작용하며 형성하는 네트워크라는 관점.

- **비인간 행위자**Non-human Actants │ 기술, 사물, 환경 등 인과적 효과를 만들어내는 모든 존재.

"현대 사회에서 인간과 비인간(사물, 기술, 환경)은 서로 분리된 존재가 아니다. 우리는 모두 네트워크 속에서 연결되어 있으며, 인간뿐만 아니라 사물도 행위자로 작용한다."
─『우리는 결코 근대인이었던 적이 없다』, 1991

기술과 사물은 배경이 아니라 행위의 일부다. 권력과 질서는 인간의 명령이 아니라 배치된 사물들의 작동에서 실현된다.

근대는 자연과 사회를 분리했다고 믿었지만, 실제로는 언제나 혼종이었다. 우리는 결코 순수한 근대인이었던 적이 없다. 정치는 인간들 사이의 문제가 아니다. 정치는 인간과 비인간이 함께 얽힌 세계를 어떻게 구성할 것인가의 문제다.

더 생각해보기

· 책임은 인간에게만 귀속될 수 있는가?

· 기술과 제도는 중립적인 도구인가, 정치적 행위자인가?

· 인간 중심의 정의 개념은 어디까지 확장되어야 하는가?

054

카스텔 Manuel Castells, 1942 ~

스페인 사회학자로, 정보기술의 확산이 사회 구조를 재편하는 방식을 분석하며, 권력이 제도보다 네트워크의 흐름과 연결성 속에서 작동한다고 설명하였다.

- **네트워크 사회**Network Society │ 정보 기술을 기반으로 사회 구조와 권력이 네트워크 형태로 조직되는 사회.

- **디지털 격차**Digital Divide │ 정보 접근과 활용 능력의 차이가 사회적 불평등으로 고착되는 현상.

"정보의 흐름을 통제하는 자들이 권력을 가지며, 디지털 격차는 새로운 사회적 불평등을 만들어낸다. 따라서 정보화 시대에서 민주주의를 실현하기 위해서는 네트워크가 어떻게 작동하는지, 그리고 누가 그것을 통제하는지를 이해하는 것이 필수적이다."
―『네트워크 사회의 도래』, 1996

카스텔에게 권력은 더 이상 중앙에 고정되지 않는다. 권력은 연결되고 끊기는 흐름의 구조 속에서 이동한다. 누가 말하는가보다 중요한 것은 누가 연결되는가다. 배제는 침묵이 아니라 단절의 형태로 발생한다.

정보화는 자동으로 민주화를 낳지 않는다. 네트워크는 해방의 도구이자 통제의 장치다. 민주주의의 과제는 제도의 설계가 아니라 연결의 조건을 재구성하는 일이다.

더 생각해보기

- 네트워크에 연결된다는 것은 어떤 권력을 의미하는가?

- 디지털 접근성은 자유를 보장하는가, 새로운 위계를 만드는가?

- 민주주의는 네트워크의 속도를 따라갈 수 있는가?

055

주보프 Shoshana Zuboff, 1951~

미국 사회이론가로, 디지털 플랫폼 기업이 개인의 경험을 데이터로 추출·
상품화하는 새로운 권력 형태를 감시 자본주의로 개념화하며, 민주주의와
자율성의 침식을 비판하였다.

· **감시 자본주의** Surveillance Capitalism │ 인간의 경험을 행동 데이터로
전환해 예측·조작·이윤 창출에 활용하는 새로운 자본주의
형태.

· **알고리즘적 통치** Algorithmic Governance │ 법이나 토론이 아니라 예측
모델과 자동화된 시스템을 통해 이루어지는 통제 방식.

"감시 자본주의는 민주주의의 적이다. 그것은 자율적 개인의 권리
를 부정하며, 투명한 동의 없이 정보를 수집하고 예측하며, 사회를
알고리즘적 통제로 재편한다."
─『감시 자본주의 시대』, 2019

주보프에게 감시는 기술의 부산물이 아니다. 감시는 비즈니스 모델이다. 개인의 삶은
예측과 개입의 대상으로 전환된다.
문제는 정보 수집이 아니라 동의 없는 추출이다. 사용자는 고객이 아니라 원료가 된다.
권력은 강제하지 않는다. 권력은 유도한다. 선택은 남아 있는 것처럼 보이지만, 선택
의 환경은 이미 설계되어 있다.

📖 더 생각해보기

- 데이터 수집은 언제 편의가 되고, 언제 지배가 되는가?

- 동의는 어떤 조건에서 의미를 잃는가?

- 알고리즘이 예측하는 사회에서 자유는 어떻게 가능한가?

056

후쿠야마 Francis Fukuyama, 1952~

미국 정치학자로, 냉전 이후 자유민주주의의 제도적 우위를 진단한 이후, 현대 정치의 균열을 정체성 정치의 확산과 시민적 통합의 약화에서 분석하였다.

- **역사의 종말**End of History │ 자유민주주의가 정치 체제의 최종 형태에 도달했다는 초기 진단.
- **포괄적 시민권**Inclusive Citizenship │ 차이를 인정하되 공동의 시민적 정체성을 강화하는 정치적 틀.

"사람들은 경제적 지위보다 자신이 속한 민족, 인종, 종교, 성별 등의 정체성을 더 중요하게 여기며, 이는 사회적 분열을 심화시키고 민주주의를 약화시킨다. 만약 우리가 자유민주주의를 유지하고 싶다면, 정체성 정치가 아니라 포괄적 시민권을 강화하는 방향으로 정치적 질서를 재정립해야 한다."

—『존중받지 못하는 자들을 위한 정치학』, 2018

현대의 위기는 불평등만이 아니라 인정의 분열이다. 집단 정체성의 경쟁은 공적 신뢰를 잠식한다. 인정은 필요하지만, 분절된 인정은 민주주의를 약화시킨다. 정치의 목표는 차이를 지우는 것이 아니라 공동의 틀을 재구성하는 것이다.

자유민주주의의 미래는 정체성의 과잉이 아니라 시민적 연대의 회복에 달려 있다.

더 생각해보기

- 정체성의 인정과 시민적 통합은 어떻게 조화될 수 있는가?

- 포괄적 시민권은 차이를 충분히 존중하는가?

- 민주주의의 위기는 제도의 문제인가, 문화의 문제인가?

057

스나이더 Timothy Snyder, 1969~

미국 역사학자로, 20세기 전체주의의 경험을 분석하여 민주주의가 어떻게 붕괴되는지 보여주고, 시민의 일상적 실천이 폭정을 막는 핵심 방어선임을 강조하였다.

- **폭정**Tyranny │ 법과 제도를 잠식하며 권력이 개인과 사회를 지배하는 정치 형태.

- **시민적 책임**Civic Responsibility │ 민주주의를 유지하기 위해 시민이 수행해야 하는 일상적 참여와 감시.

"20세기의 독재자들은 시민들이 정치에 무관심해지고, 거짓 정보가 만연하며, 민주적 제도가 약화될 때 권력을 장악했다. 우리는 과거의 실수를 반복하지 않기 위해, 적극적인 시민으로서 행동해야 한다. 자유는 자연스럽게 주어지는 것이 아니라, 그것을 지키기 위해 끊임없는 노력이 필요하다."
—『폭정: 20세기에 배워야 할 20가지 교훈』, 2017

스나이더는 폭정을 예외적 사건으로 보지 않는다. 폭정은 무관심의 축적 속에서 서서히 도래한다.

민주주의는 자동 시스템이 아니다. 민주주의는 행동하는 시민의 습관 위에서만 유지된다. 자유는 선언이 아니라 실천이다. 자유는 지켜질 때만 존재한다.

더 생각해보기

- 무관심은 어떻게 정치적 공모가 되는가?
- 거짓 정보에 맞서 시민은 무엇을 할 수 있는가?
- 오늘날 민주주의의 가장 취약한 지점은 어디인가?

058

하조니 Yoram Hazony, 1964~

이스라엘 정치철학자로, 보편주의적 자유주의와 글로벌리즘을 비판하며, 민주주의와 자유의 지속 가능 조건으로 주권적 민족국가의 역할을 옹호하였다.

- **민족국가**Nation-State │ 공유된 역사·문화·전통을 가진 정치 공동체로서의 국가 형태.

- **주권**Sovereignty │ 외부 권위로부터 독립해 자기 규칙을 정할 수 있는 정치적 능력.

"인간 사회는 전통, 역사, 문화, 종교 등의 요소로 이루어진 민족 공동체를 중심으로 형성되며, 개인의 자유는 강력한 공동체적 기반이 있을 때만 유지될 수 있다. 글로벌리즘과 자유주의적 보편주의는 민족국가의 자율성을 파괴하며, 오히려 민주주의를 위협하는 요소가 된다. 우리가 필요로 하는 것은 강한 민족국가를 바탕으로 한 보수주의적 질서이다."
―『민족주의의 미덕』, 2018

하조니는 자유를 개인의 추상적 권리로만 보지 않는다. 자유는 전통과 충성의 틀 안에서 유지된다.

민족국가는 정치적 책임이 작동하는 최소 단위다. 정치의 안정은 보편적 이상이 아니라, 역사적으로 형성된 공동체의 자기 통치에서 나온다.

2부 | 사회와 힘

🚩 더 생각해보기

- 민족국가는 언제 자유의 토대가 되고, 언제 배제의 장치가 되는가?

- 보편적 가치와 주권은 조화될 수 있는가?

- 민주주의의 책임성은 어떤 규모에서 가장 효과적인가?

059

무페 Chantal Mouffe, 1943 ~

벨기에 정치이론가로, 합의 중심 자유주의를 비판하며 민주주의의 본질을
대립과 갈등을 제도화하는 정치적 장에서 찾았다.

- **급진적 민주주의**Radical Democracy │ 합의의 제거가 아니라 갈등의
  가시화와 제도화를 통해 작동하는 민주주의.
- **적대/경합**Antagonism / Agonism │ 적대Antagonism를 파괴적 적으로 만
  들지 않고, 경합Agonism으로 전환해 정치적 경쟁을 유지하는 구상.

"진정한 민주주의는 항상 대립과 갈등을 수반하며, 서로 다른 집
단 간의 차이를 인정하고 정치적 대결을 통해 해결하는 공간이다.
우리는 정치적 반대를 사라지게 하는 것이 아니라, 그것을 민주적
인 방식으로 표현하고 제도화하는 방식을 찾아야 한다."
—『민주주의의 역설』, 2000

무페는 합의를 민주주의의 목표로 보지 않는다. 합의는 차이를 지우고, 갈등을 비정
치화한다. 정치는 사라질 수 없다. 정치적 차이를 도덕적 문제로 환원할 때, 갈등은 폭
발한다.
민주주의의 과제는 적을 제거하는 것이 아니라 적대를 경합으로 전환하는 제도를 만
드는 일이다.

더 생각해보기

- 갈등을 제거하려는 정치는 왜 반민주적인가?
- 경합적 정치의 제도화는 어떤 조건을 요구하는가?
- 오늘날 민주주의는 갈등을 어디까지 수용하고 있는가?

060

피케티 Thomas Piketty, 1971~

프랑스 경제학자로, 장기 역사 자료 분석을 통해 자본주의가 자동적으로 평등을 낳지 않음을 보여주며, 민주적 제도와 조세 정책을 통한 불평등 완화를 이론화하였다.

- **자본수익률과 성장률**r > g │ 자본 수익률(r)이 경제 성장률(g)을 상회할 때 부와 권력이 상층에 집중되는 구조.

- **세습 불평등**Inherited Inequality │ 노동이 아니라 자산 상속을 통해 불평등이 재생산되는 현상.

"자본주의가 자동으로 균형을 이루며 불평등을 완화한다는 믿음은 환상에 불과하다. 역사적으로 볼 때, 불평등은 감소하기보다는 증가하는 경향이 있으며, 이를 막기 위해서는 민주적 개입과 공정한 조세 정책이 필수적이다."

─『21세기 자본』, 2013

피케티는 시장의 자율 조정 신화를 해체한다. 불평등은 예외가 아니라 자본주의의 경향이다. 노동보다 자본이 빠르게 증식할 때, 기회의 평등은 붕괴된다. 능력주의는 세습 앞에서 무력해진다.

불평등은 경제 문제가 아니라 정치의 문제다. 분배는 시장이 아니라 제도가 결정한다.

- 불평등은 시장 실패인가, 시장의 결과인가?
- 조세는 자유를 제한하는가, 민주주의를 보호하는가?
- 오늘날의 불평등은 어떤 방식으로 정당화되고 있는가?

061

왕후이 Wang Hui(汪暉), 1959~

중국 사상사 연구자로, 서구 중심의 근대성 서사를 비판하며 중국의 역사 · 전통 · 사회주의 경험을 토대로 복수의 현대성 가능성을 이론화하였다.

· **대안적 현대성**Alternative Modernity │ 서구 자본주의 · 자유주의를 유일한 경로로 보지 않고 각 사회의 역사적 조건에서 형성되는 현대성 개념.

· **탈서구 중심주의**De-Westernization │ 근대 · 민주 · 발전의 기준을 서구 경험에 독점시키지 않으려는 인식 전환.

"우리는 중국의 전통과 사회주의적 유산을 기반으로, 서구 자본주의와는 다른 새로운 현대성을 모색해야 한다. 이를 위해 서구식 민주주의와 시장 경제 모델을 무비판적으로 받아들이는 것이 아니라, 중국의 역사적 · 사회적 맥락 속에서 대안을 찾아야 한다."
─『근대중국사상의 흥기』, 2004

왕후이는 중국의 문제를 '서구에 얼마나 가까운가'로 평가하지 않는다. 문제는 어떤 현대성을 구성할 것인가다.

서구 모델의 수용은 중립적 선택이 아니다. 그것은 역사와 사회를 재구성하는 정치적 결정이다. 중국의 전통과 사회주의 경험은 과거가 아니라 비판의 자원이다. 대안은 모방이 아니라 재해석에서 나온다.

- 현대성은 하나의 표준인가, 복수의 경로인가?

- 보편주의와 맥락성은 어떻게 긴장하고 조정되는가?

- '중국 모델'은 대안인가, 또 다른 헤게모니인가?

062

드닌 Patrick J. Deneen, 1964~

미국 정치이론가로, 현대 자유주의가 개인의 자율을 과도하게 확대하는 과정에서 공동체·덕·자치의 토대를 잠식해 왔다고 비판하며, 자유주의 이후의 정치 질서를 모색하였다.

- **자유주의의 실패**Failure of Liberalism │ 권리와 선택의 확장이 공동체·덕·자치의 기반을 약화시켰다는 진단.

- **공동선**Common Good │ 개별 선호의 합이 아니라 공동체가 함께 추구해야 할 가치와 목적.

"자유주의는 인간 본성을 고려하지 않고, 개인의 자율성과 선택을 극단적으로 확대하면서 결국 사회적 결속을 약화시켰다. 우리는 자유주의를 근본적으로 재검토하고, 보다 공동체 중심적인 가치와 정치 구조를 회복해야 한다. 자유주의 이후의 미래는 개인주의를 넘어, 공동체적 덕목과 공동선을 강조하는 새로운 정치 질서를 요구한다."
─『왜 자유주의는 실패했는가』, 2018

드닌에게 자유주의의 문제는 실패가 아니라 성공의 결과다. 선택의 자유가 확장될수록 시민은 고립되고, 정치는 시장과 관료에 위임된다.

대안은 권위주의가 아니다. 대안은 지역·공동체·덕의 회복이다. 정치의 목표는 선택의 극대화가 아니라 공동의 삶을 가능케 하는 조건이다.

더 생각해보기

- 자유의 확장은 언제 공동체의 약화로 전환되는가?

- 권리 중심 정치는 덕을 대체할 수 있는가?

- 자유주의 이후의 정치 질서는 어떤 제도와 문화를 요구하는가?

인간과 삶

**크리슈나에서 보스트롬까지
57 거인의 사유를 깊이 있게 만나다**

001

크리슈나 Krishna BC 3228경~3102경

고대 인도의 신적 스승으로, 『바가바드 기타』에서 행위·지식·헌신을 통해 인간이 어떻게 해탈에 이를 수 있는지를 가르친다.

- **모크샤**Mokṣa │ 윤회의 사슬에서 벗어나 자유에 이르는 해탈.

- **니슈카마 카르마**Niṣkāma Karma │ 결과에 집착하지 않는 행위.

- **요가**Yoga │ 삶 전체를 수행으로 만드는 길.

"진정한 요기란, 모든 행위를 결과에 대한 집착 없이 수행하는 자다. 그는 냉정하고, 집착하지 않으며, 모든 행위의 성공과 실패를 동등하게 받아들인다. 결과를 바라지 않기에 그의 정신은 고요하고, 그는 자유롭다. 그는 신에 대한 헌신을 통해 고통에서 벗어나 해탈에 이른다."
―『바가바드 기타』, BC 3000경

크리슈나는 삶에서 고통이 생기는 이유를 행위 그 자체가 아니라 결과에 대한 집착에서 찾는다.

인간은 행위를 멈출 수 없지만, 집착은 내려놓을 수 있다. 니슈카마 카르마는 도피가 아니라 태도의 전환이다. 행위는 하되, 소유하지 않는다. 결과를 신에게 맡길 때, 인간은 비로소 자유로워진다.

- 나는 지금 어떤 결과에 집착하며 살아가고 있는가?

- 행위의 의미는 성취에 있는가, 태도에 있는가?

- 삶을 '수행'으로 받아들인다면, 오늘의 선택은 달라질 수 있을까?

002

석가모니 Gautama Buddha BC 6~4세기

고대 인도의 사상가이자 수행자로, 인간 존재의 근본적 고통과 그 소멸의 길을 사성제와 팔정도로 제시하였다.

- **고**苦, **Duḥkha** │ 삶 전반에 스며 있는 근본적 불만족.

- **무상**無常, **Anicca** │ 모든 것은 끊임없이 변화함.

- **무아**無我, **Anattā** │ 고정된 자아는 존재하지 않음.

"모든 것은 무상하다. 모든 것은 괴로움이다. 모든 것은 무아이다. 모든 존재는 변화하고, 집착은 고통을 낳는다. 지혜로운 자는 집착을 내려놓고 해탈을 구한다."

―『법구경』, BC 300경

석가모니는 고통을 삶의 예외가 아니라 삶의 조건으로 본다.

고통은 외부 세계 때문이 아니라, 변화하는 것에 집착하는 마음에서 발생한다. 무상함을 인정하지 못할 때, 인간은 괴로워진다. 무아를 통찰할 때, 집착할 주체도 사라진다.

해탈은 무엇을 얻는 것이 아니라, 집착을 내려놓는 일이다.

고통에서 벗어나는 길은 세계를 바꾸는 것이 아니라, 이해의 방식을 바꾸는 데 있다.

더 생각해보기

- 나는 무엇을 영원한 것처럼 붙잡고 있는가?
- 집착은 나를 보호하는가, 고통을 연장하는가?
- '나'라는 감각이 사라진다면, 삶은 어떻게 달라질까?

003

예수 Jesus of Nazareth BC 4년경?~AD 30/33년경

유대 지역에서 활동한 종교적 스승으로, 사랑과 용서를 통해 인간과 세계의 관계를 근본적으로 전환하는 구원의 윤리를 제시하였다.

- **아가페** Agapē | 조건과 보상을 초월한 무조건적 사랑.

- **아페미아** Aphemia | 붙잡음을 풀어놓음, 빚과 죄를 놓아줌.

"너희 원수를 사랑하며 너희를 박해하는 자를 위하여 기도하라.
이같이 한즉 하늘에 계신 너희 아버지의 아들이 되리니, 이는 하나님이 그 해를 악인과 선인에게 비추시며, 비를 의로운 자와 불의한 자에게 내리우심이니라."
—『마태복음』, 80~90경

예수에게 용서는 단순한 도덕적 관용이 아니다. 아페미아는 붙잡고 있던 것을 놓아주는 행위다. 원한, 빚, 죄책, 보복의 권리를 내려놓을 때 관계는 다시 열릴 수 있다.

원수를 사랑하라는 요구는 감정의 명령이 아니라, 폭력의 연쇄를 끊는 실천이다. 아페미아는 약함이 아니라, 복수의 논리를 거부하는 능력이다.

하나님 나라는 사후의 보상이 아니라, 지금 여기에서 아페미아가 실현되는 질서다.

 3부 | 인간과 삶

- 내가 여전히 붙잡고 있는 것은 무엇인가?

- 내려놓음은 패배인가, 다른 방식의 승리인가?

- 아페미아가 가능한 사회적 조건은 무엇인가?

004

무함마드 Muḥammad 570~632

아라비아에서 활동한 예언자로, 타후히드를 중심으로 신앙·윤리·공동체의 삶을 통합하며 인간의 삶을 신 앞에서 하나의 질서로 재구성하였다.

- **타후히드 Tawḥīd** | 신의 유일성, 삶의 모든 영역을 하나의 원리로 묶는 통일.

- **사브르 Ṣabr** | 인내와 절제, 즉각적 보복을 유예하는 힘.

- **이흐산 Iḥsān** | 선을 선으로 넘어서 실천하는 태도.

"선과 악은 결코 같을 수 없나니, 너희는 악을 선으로써 물리치라. 그리하면 서로 원수지간이었던 자도 따뜻한 친구가 될 것이라. 그러나 이 덕목은 인내하는 자들 외에는 얻을 수 없으며, 큰 행운을 가진 자만이 이를 이룰 수 있으리라."

― 『꾸란』, 650

무함마드에게 타후히드는 신학적 명제가 아니라 삶의 조직 원리다. 신은 하나이며, 인간의 삶도 분열되어서는 안 된다. 신앙과 윤리, 개인과 공동체, 내면과 행위는 하나로 연결된다.

악을 선으로 물리치라는 가르침은 수동성이 아니라 사브르의 능동성이다. 보복을 유예할 수 있을 때, 관계는 전환될 수 있다.

· 내 삶에서 분리되어 있는 영역들은 무엇인가?

· 인내는 약함인가, 관계를 바꾸는 힘인가?

· 신앙은 개인의 내면에 머물러야 하는가, 삶의 질서를 재구성해야 하는가?

005

공자 孔子, Confucius BC 551~479

춘추시대 노나라 출신의 사상가로, 인간의 도덕적 수양과 관계 질서를 통해 개인과 사회가 함께 완성될 수 있다고 보았다.

- **인**仁, Ren │ 타인을 향한 근본적 인간다움, 관계의 핵심 덕목.

- **예**禮, Li │ 감정과 행위를 절제하고 조율하는 사회적 형식.

- **극기복례**克己復禮 │ 자기 욕망을 이기고 예로 돌아감.

"자기를 이기고 '예'로 돌아감이 '인'이다. 하루라도 자기를 이기고 '예'로 돌아가면, 세상은 '인'으로 돌아갈 것이다. '인'을 행하는 것은 자신에게 달린 것이지, 남에게 달린 것이 아니다."
—『논어』, BC 5세기 후반

공자에게 인간 완성은 제도나 법에서 시작되지 않는다. 그 출발점은 자기 자신에 대한 수양이다.

인은 추상적 사랑이 아니라, 구체적인 관계 속에서 실천되는 덕이다.

예는 억압이 아니라, 감정이 파괴로 흐르지 않도록 붙잡는 형식이다.

세상은 한 번에 바뀌지 않는다.

그러나 한 사람이 자신을 이기고 예로 돌아갈 때, 그 관계부터 인으로 전환된다.

- 나는 어떤 순간에 나 자신을 이기지 못하는가?

- 예는 나를 억누르는 규범인가, 관계를 지키는 장치인가?

- 사회 변화는 제도에서 시작되는가, 사람의 태도에서 시작되는가?

006

노자 老子, Laozi BC 571~471

고대 중국의 사상가로, 인위적 질서보다 자연의 도道에 따르는 삶의 방식을 통해 인간과 세계의 조화를 사유하였다.

- **자연** 自然, Ziran │ 스스로 그러함, 인위가 개입되지 않은 상태.

- **무위** 無爲, Wuwei │ 억지로 하지 않음, 도에 어긋나지 않는 행위.

- **상선약수** 上善若水, Shangshan Ruoshui │ 최고의 선은 물과 같음.

"최고의 선은 물과 같다. 거처는 땅을 따르고, 마음은 깊은 못과 같으며, 타인과 더불어 어울릴 때는 인을 따르고, 말은 진실하고 신실하게 하며, 다스림은 공정하게 하고, 일은 능숙하게 하며, 움직임은 때에 맞게 해야 한다."

—『도덕경』, BC 6~5세기경

노자는 삶의 혼란을 지나친 인위와 개입에서 찾는다. 자연은 이미 질서를 갖추고 있으며, 인간이 이를 거스르려 할 때 불균형이 생긴다.

무위는 아무것도 하지 않는 태만이 아니다. 그것은 도의 흐름을 방해하지 않는 적절한 개입의 절제다.

물은 다투지 않지만, 모든 것을 길러낸다. 강요하지 않기에 낮은 곳으로 흐르고, 낮은 곳으로 흐르기에 가장 강하다.

더 생각해보기

· 나는 삶에서 어디에 과도한 힘을 쓰고 있는가?

· 개입하지 않음은 책임 회피인가, 다른 형태의 책임인가?

· 오늘의 세계에서 '물처럼 산다'는 것은 무엇을 의미하는가?

007

소크라테스 Socrates, BC 470~399

고대 아테네의 철학자로, 대화를 통해 무지를 드러내고 영혼의 돌봄을 삶의 최우선 과제로 제시하였다.

- **무지의 자각**Awareness of Ignorance │ 안다고 믿는 것을 의심하는 태도.

- **영혼의 돌봄**Care of the Soul │ 삶의 목적을 외적 성취가 아닌 내적 탁월성에 둠.

"인간에게 가장 중요한 일은, 자신과 자신의 영혼을 가능한 한 훌륭하게 만드는 일이다."
─『소크라테스의 변론』, BC 399

소크라테스에게 지혜는 지식을 축적하는 일이 아니다. 지혜는 모른다는 사실을 아는 데서 시작한다. 무지를 자각하지 못할 때, 인간은 잘못된 확신에 사로잡힌다.

그는 질문을 통해 삶의 기준을 흔들고, 영혼의 방향을 묻는다.

부, 명예, 권력은 삶의 목적이 아니다. 삶의 목적은 영혼을 더 나은 상태로 만드는 것이다. 사유하지 않는 삶은, 살아 있다고 할 수 없다.

더 생각해보기

· 나는 무엇을 알고 있다고 확신하고 있는가?

· 그 확신은 검증된 것인가, 관습의 반복인가?

· 오늘의 삶에서 '영혼의 돌봄'은 무엇을 의미하는가?

008

세네카 Lucius Annaeus Seneca, BC 4경?~AD 65

로마 제국의 정치가이자 스토아 철학자로, 격변하는 현실 속에서도 이성이 감정을 다스릴 수 있는 삶의 태도를 제시하였다.

- **아파테이아**Apatheia | 파괴적 정념으로부터의 자유.
- **아타락시아**Ataraxia | 마음의 평정과 흔들리지 않음.

"지혜로운 이는 외부 세상이 아니라, 자신의 생각을 바로잡는 데 힘쓴다. 당신이 통제할 수 없는 것에 휘둘린다면, 그것은 당신이 스스로를 놓아버린 탓이다."

—『마음의 평정에 대하여』, 58~62

세네카는 고통의 원인을 사건이 아니라 사건에 대한 판단에서 찾는다.

인간은 세계를 통제할 수 없지만, 해석은 통제할 수 있다.

절제는 욕망을 제거하는 것이 아니라, 욕망이 삶을 지배하지 못하게 하는 힘이다.

평정은 감정의 부재가 아니라, 감정에 끌려가지 않는 상태다.

운명은 바꿀 수 없지만, 태도는 선택할 수 있다.

스토아적 삶은 현실을 떠나는 것이 아니라, 현실 속에서 흔들리지 않는 법을 배우는 일이다.

- 내가 통제할 수 없는 것에 얼마나 에너지를 쓰고 있는가?

- 감정은 나를 돕고 있는가, 지배하고 있는가?

- 오늘의 불안은 사건 때문인가, 해석 때문인가?

009

안셀무스 Anselmus of Cantuariensis, 1033~1109

중세 스콜라 철학자이자 신학자로, 신앙을 전제로 한 이성의 탐구를 통해 자유의지와 책임의 관계를 사유하였다.

- **신앙을 추구하는 이성** Fides Quaerens Intellectum | 믿음에서 출발해 이해로 나아감.

- **자유의지** Liberum Arbitrium | 선을 선택할 수 있는 능력.

"주님이시여, 내가 주를 찾아 나서는 것은 주를 믿고 있기 때문입니다. 내가 주를 찾고 있는 것은 아직 주를 발견하지 못했기 때문입니다. 나는 주님을 찾으며, 내 마음으로 주님을 갈망하고, 내 정신으로 주님을 바라보며, 내 사랑으로 주님을 향해 나아갑니다."

―『프로슬로기온』, 1075

안셀무스에게 자유의지는 자의적 선택의 권리가 아니다. 자유는 선을 향해 나아갈 수 있는 능력이다. 신을 향해 있다는 것은 강제가 아니라 방향성의 문제다.

믿음은 사유를 중단시키지 않는다. 오히려 믿음은 이해를 향한 출발점이 된다.

자유의지는 책임을 수반한다. 왜냐하면 인간은 무엇을 사랑할지, 어디를 향할지를 스스로 선택하기 때문이다.

🔖 더 생각해보기

· 자유는 하고 싶은 것을 하는 능력인가, 옳은 것을 선택하는 능력인가?

· 믿음은 사유를 제한하는가, 사유를 촉발하는가?

· 내가 반복적으로 선택하는 방향은 무엇을 향하고 있는가?

010

알 가잘리 Al-Ghazali, 1058~1111

이슬람 신학자이자 철학자로, 이성의 한계를 통과한 뒤 영혼의 정화와 내적 체험을 통해 진정한 삶의 완성을 모색하였다.

- **타즈키야 알나프스** Tazkiyat al-Nafs | 영혼의 정화, 욕망과 자기중심성을 비워내는 과정.
- **타와클** Tawakkul | 신에 대한 전적인 신뢰, 결과를 신에게 맡기는 태도.

"진리는 말로 설명될 수 있는 것이 아니다. 그것은 영혼의 정화 속에서 드러나며, 고요한 내면 속에서 비로소 인식된다. 철학은 너를 문 앞까지 데려갈 수 있지만, 문을 여는 것은 계시된 진리와 내면의 빛이다."

–『구원의 길에서』, 1106

알 가잘리는 인간의 불행을 무지보다 내면의 혼탁에서 찾는다. 지식은 많아질 수 있지만, 욕망이 정화되지 않으면 삶은 바뀌지 않는다.

타즈키야 알나프스는 도피가 아니라, 자기중심적 삶을 내려놓는 근본적 전환이다.

타와클은 무기력이 아니라, 불안에서 벗어나 삶을 온전히 살아내게 하는 신뢰의 태도다.

삶의 완성은 설명의 끝이 아니라, 정화된 영혼과 맡김 속에서 살아가는 방식에 있다.

더 생각해보기

- 내가 붙잡고 있는 욕망은 무엇인가? 그것은 삶을 맑게 하는가, 흐리게 하는가?

- 맡김은 책임 회피인가, 다른 차원의 책임인가?

- 오늘의 삶에서 타즈키야와 타와클은 어떤 실천으로 드러날 수 있는가?

011

루터 Martin Luther, 1483~1546

독일의 종교개혁자로, 개인이 교회와 제도 이전에 신 앞에 직접 서야 한다는 신앙의 전환을 통해 인간의 양심과 책임을 전면에 세웠다.

- **오직 믿음**Sola Fide │ 구원은 행위가 아니라 믿음에서 비롯됨.

- **오직 성경**Sola Scriptura │ 신앙의 최종 권위는 성경에 있음.

- **양심**Conscience │ 신 앞에서 스스로 책임지는 내적 기준.

"나는 성경과 명백한 이성적 근거에 의해 설득되지 않는 한, 내 양심에 반하여 어떤 것도 철회할 수 없고 철회하지 않을 것이다. 양심에 반하는 행동은 옳지도 안전하지도 않기 때문이다. 하나님이여 나를 도우소서. 아멘."

− 보름스Worms 제국의회 연설, 1521

루터에게 신앙은 제도에 대한 복종이 아니다. 신앙은 개인이 신 앞에 홀로 서는 결단이다.

구원은 축적된 공로가 아니라, 믿음의 관계에서 주어진다. 양심은 타협의 대상이 아니라, 신 앞에서 책임을 지는 자리다. 권위는 교회에 있지 않고, 성경과 양심의 결합에 있다.

루터의 외침은 단순한 종교 개혁이 아니라, 인간이 스스로 책임지는 존재로 서는 순간을 선언한 것이었다.

＿＿＿＿＿＿＿＿＿＿＿＿＿＿＿＿＿＿＿＿＿＿＿＿＿＿

＿＿＿＿＿＿＿＿＿＿＿＿＿＿＿＿＿＿＿＿＿＿＿＿＿＿

＿＿＿＿＿＿＿＿＿＿＿＿＿＿＿＿＿＿＿＿＿＿＿＿＿＿

＿＿＿＿＿＿＿＿＿＿＿＿＿＿＿＿＿＿＿＿＿＿＿＿＿＿

＿＿＿＿＿＿＿＿＿＿＿＿＿＿＿＿＿＿＿＿＿＿＿＿＿＿

＿＿＿＿＿＿＿＿＿＿＿＿＿＿＿＿＿＿＿＿＿＿＿＿＿＿

＿＿＿＿＿＿＿＿＿＿＿＿＿＿＿＿＿＿＿＿＿＿＿＿＿＿

＿＿＿＿＿＿＿＿＿＿＿＿＿＿＿＿＿＿＿＿＿＿＿＿＿＿

＿＿＿＿＿＿＿＿＿＿＿＿＿＿＿＿＿＿＿＿＿＿＿＿＿＿

＿＿＿＿＿＿＿＿＿＿＿＿＿＿＿＿＿＿＿＿＿＿＿＿＿＿

＿＿＿＿＿＿＿＿＿＿＿＿＿＿＿＿＿＿＿＿＿＿＿＿＿＿

🔦 더 생각해보기

- 양심은 나에게 복종의 이유인가, 책임의 근거인가?

- 권위에 맞서는 신앙은 언제 정당화되는가?

- 오늘의 삶에서 '신 앞에 선 개인'은 어떤 모습으로 드러나는가?

012

알 파라비 Al-Farabi, 872~950

이슬람 철학자로, 정치 권력을 지성과 덕의 문제로 재구성하며 통치자의
삶이 공동체 전체의 영혼을 형성한다고 보았다.

- **참된 행복** True Happiness │ 쾌락·부·명예가 아닌 지성과 덕의 완성.
- **철인왕** Philosopher-King │ 지성과 도덕적 탁월함을 갖춘 통치자.
- **덕 있는 도시** Virtuous City │ 인간 영혼을 고양시키는 공동체.

"참된 행복은 감각적 쾌락이나 부, 명예가 아니라, 지성과 도덕적
탁월함을 통해 신의 질서에 가까워지는 것이다. 덕 있는 도시는
그런 삶을 살아가는 이들의 공동체이며, 그 공동체는 인간 영혼을
고양시키는 환경을 제공해야 한다."
―『덕스러운 도시』, 942년경

알 파라비에게 권력은 기술이 아니라 도덕적 무게를 지닌다. 통치자는 명령하는 자가
아니라, 삶의 방향을 제시하는 존재다.
정치는 이해관계의 조정이 아니라, 인간이 어떤 존재가 되어야 하는가를 묻는 실천이
다. 철인왕은 가장 많이 가진 자가 아니라, 가장 잘 이해하는 자다.
덕 있는 도시는 법과 제도로만 유지되지 않는다. 그 도시는 통치자의 삶이 공동체의
표준이 될 때 성립한다.

- 권력을 가진 사람에게 요구되는 덕은 무엇인가?
- 통치자의 삶은 어디까지 공적 책임을 져야 하는가?
- 오늘날 '덕 있는 도시'는 어떤 조건에서 가능할까?

013

솔즈베리 John of Salisbury, 1116~1180

중세 영국의 성직자이자 정치사상가로, 권력의 정당성을 덕과 정의에 종속시키며 기사의 무력을 도덕적 책임 아래 위치시켰다.

- **기사도**Chivalry | 무력을 덕의 봉사로 제한하는 윤리.

- **정의**Justice | 칼이 봉사해야 할 최종 목적.

"진정한 기사는 무기를 들어 사람을 해치는 자가 아니라, 정의를 세우고 악을 억누르기 위해 칼을 드는 자이다. 그는 하나님과 군주의 뜻에 따라 자신의 삶을 희생할 준비가 되어있어야 하며, 무력은 덕의 도구가 되어야 한다."

—『폴리크라티쿠스』, 1159

솔즈베리는 무력을 정당화하지 않는다. 그는 무력을 윤리의 통제 아래 두려 한다. 칼은 권력의 상징이 아니라, 정의를 위한 도구여야 한다.

기사는 폭력을 행사할 수 있는 자가 아니라, 폭력을 절제할 책임을 지닌 자다. 권력은 신 앞에서 제한되고, 무력은 공공선을 위해 봉사할 때만 허용된다.

- 힘을 가진 자에게 가장 먼저 요구되는 덕은 무엇인가?
- 무력은 언제 정당화될 수 있는가?
- 오늘날 권력의 '기사도'는 어떤 형태로 가능할까?

014

왕양명 王陽明, 1472~1529

명대 유학자로, 도덕적 인식과 실천의 분리를 거부하며 통치와 삶의 책임
을 마음의 자각과 행동의 일치에서 찾았다.

- **지행합일**知行合一 | 앎과 행위의 분리 불가능성.

- **양지**良知 | 누구나 마음속에 지닌 선을 아는 능력.

- **심즉리**心卽理 | 도덕의 근거가 외부 규범이 아니라 마음에 있음.

"사람은 누구나 마음속에 선한 본성을 지니고 있다. 그러나 그것
을 알면서도 실천하지 않으면, 그것은 진정한 앎이 아니다. 진정
한 앎은 반드시 실천을 통해 드러나며, 실천 없는 지식은 그림자
와 같다."
―『전습록』, 1518

왕양명에게 문제는 알고도 행하지 않는 삶이다. 앎이 참이라면, 그것은 이미 행동을
요구한다. 지식과 실천을 나누는 순간, 도덕은 변명으로 전락한다.
양지는 누구에게나 주어져 있다. 그러나 그 양지를 따르지 않을 자유 또한 인간에게
있다.
지행합일은 수양의 원리가 아니라, 권력을 가진 자에게 요구되는 가장 엄격한 윤리다.

- 나는 알고 있으면서도 미루고 있는 것은 무엇인가?
- 앎과 행위를 분리할 때, 책임은 어떻게 흐려지는가?
- 오늘날 공적 권력의 문제는 무지인가, 지행불일치인가?

015

소코 Yamaga Sokō, 山鹿素行 1622~1685

에도 시대 일본의 사상가로, 무사의 존재 이유를 전쟁이 아닌 도덕적 수양과 공공적 책임에서 재정의하였다.

· **무사도** Bushidō │ 무력을 덕과 학문에 종속시키는 삶의 규범.

"무사는 배우지 않으면 그저 칼을 차고 다니는 도둑에 불과하다. 무사는 문文을 배우고 도道를 아는 자라야 한다. 나라가 평화로울 때 무사는 마음을 닦고 몸가짐을 가다듬으며, 병란이 닥쳤을 때 그 배운 도로 백성을 지킨다."

―『중설』, 1665

소코는 무사의 가치를 전투 능력에서 찾지 않는다. 전쟁이 없을 때야말로 무사의 존재 이유가 시험된다. 칼은 최후의 수단이며, 평상시의 임무는 배움과 수양이다. 문을 배우지 않는 무는 폭력으로 전락한다. 배움 없는 힘은 공공선을 지킬 수 없다. 소코에게 무사는 지배자가 아니라, 평화 속에서 덕을 축적하는 공적 수호자다.

더 생각해보기

· 힘을 쓰지 않을 때, 권력자의 역할은 무엇인가?

· 평화는 경계가 풀리는 시간인가, 수양이 요구되는 시간인가?

· 오늘날 '무사적 책임'은 어떤 직무와 태도로 나타날 수 있는가?

016

프랭클린 Benjamin Franklin, 1706~1790

미국의 건국 인사이자 사상가로, 시민의 덕을 근면·절제·성실 같은 일상적 실천에서 찾으며 공화국을 지탱하는 삶의 윤리를 제시하였다.

- **근면**Industry | 시간을 가치로 전환하는 생활 태도.
- **절약**Frugality | 소비를 통제해 자유를 확보하는 능력.
- **성실**Integrity | 신뢰를 축적하는 시민의 자본.
- **자기개선**Self-improvement | 매일의 습관으로 덕을 형성함.

"시간은 돈이다. 누구든 일할 수 있는 시간을 낭비한다면, 그는 그만큼의 돈을 잃는 것이다. 부를 이루는 길은 절약하고 근면하는 것이며, 성실함은 그 어떤 투자보다 값지다."
—『가난한 리처드의 달력』, 1732~1757

프랭클린에게 시민의 덕은 영웅적 희생이 아니다. 그 덕은 시간을 관리하고, 습관을 가다듬는 일상적 실천에서 형성된다. 근면과 절약은 탐욕을 정당화하는 구호가 아니라, 타인에게 의존하지 않고 공적 자유를 유지하기 위한 조건이다. 성실은 개인의 미덕을 넘어, 사회의 신뢰를 축적한다.

공화국은 법만으로 유지되지 않는다. 그 질서는 자기 삶을 책임지는 시민들의 반복된 습관 위에서 지속된다. 시민의 삶은 사적인 성공이 아니라, 공동체를 가능하게 하는 생활의 윤리다.

더 생각해보기

- 나의 일상적 습관은 공적 자유에 기여하고 있는가?
- 시간 관리는 성공의 기술인가, 시민적 책임인가?
- 오늘날 '성실'은 어떤 사회적 가치를 만들어내는가?

017

볼테르 Voltaire, François-Marie Arouet, 1694~1778

프랑스 계몽사상가로, 이성과 비판 정신을 통해 광신과 폭력을 거부하며 관용을 인간 사회의 최소한의 윤리로 제시하였다.

· **관용** Tolerance │ 차이를 제거하지 않고 공존을 가능하게 하는 태도.

"진정한 관용이란, 우리가 이해하지 못하거나 동의하지 않는 사람을 파괴하지 않고도 함께 살아가는 것이다. 관용은 인간의 약함을 인정하는 데서 시작되며, 정의는 그 약함 위에 세워지는 질서다."
ㅡ『관용론』, 1763

볼테르는 인간을 완전한 이성의 존재로 보지 않는다. 오히려 인간은 오류에 빠지기 쉬운 존재다. 그래서 그는 절대적 진리를 주장하는 태도보다, 오류 가능성을 인정하는 관용의 윤리를 중시한다.

관용은 선의의 감정이 아니라, 서로를 파괴하지 않기 위한 사회적 장치다. 인간을 구원하는 것은 하나의 진리가 아니라, 진리를 강요하지 않는 태도다.

더 생각해보기

- 내가 가장 관용하기 어려운 대상은 누구인가?
- 확신은 언제 정의를 낳고, 언제 폭력을 낳는가?
- 오늘의 사회에서 관용은 미덕인가, 필수 조건인가?

 **흄** David Hume, 1711~1776

스코틀랜드 경험론 철학자로, 자아와 이성을 실체가 아닌 경험의 흐름으로 분석하며 인간 존재를 심리적 구성의 결과로 재정의하였다.

- **자아의 다발 이론**Bundle Theory of Self │ 고정된 자아가 아니라 지각들의 집합.

- **감정**Passion │ 행위의 실제 동력.

- **습관**Habit │ 인간 인식과 신념을 형성하는 심리적 원리.

"이성은 감정의 노예이며, 오직 그것을 섬기고 복종해야 할 뿐이다. 감정과 이성이 대립한다고 말하는 것은 엄밀히 말해 철학적인 표현이 아니다. 이성만으로는 어떤 의지적 행위의 동기가 될 수 없으며, 결코 감정에 반하여 의지를 움직일 수 없다."
─『인간 본성에 관한 논고』, 1739

흄은 "나는 존재한다"는 확신을 해체한다. 그가 발견한 것은 지속되는 자아가 아니라, 끊임없이 변하는 감각과 감정의 흐름이다. 자아는 실체가 아니라 경험의 배열이다. 이성은 삶을 지휘하지 않는다. 이성은 감정이 세운 목적을 계산하는 역할을 맡을 뿐이다. 인간은 합리적 존재라기보다, 습관과 정서에 의해 구성되는 존재다.

- 나는 하나의 고정된 '나'인가, 변화하는 경험의 흐름인가?

- 이성은 내 선택을 이끄는가, 정당화하는가?

- 삶의 중요한 결정들은 논증에서 나오는가, 감정에서 시작되는가?

피히테 Johann Gottlieb Fichte, 1762~1814

독일 관념론 철학자로, 자아를 모든 경험과 인식을 가능케 하는 능동적 원리로 파악하며 자유를 세계 구성의 근원으로 사유하였다.

- **자아의 자기정립** Self-Positing I │ 자아는 스스로를 설정함으로써 존재함.

- **능동적 주체** Active Subject │ 세계를 수동적으로 받아들이지 않고 구성함.

"자아는 단순히 세계 속에서 발견되는 대상이 아니라, 모든 경험과 인식을 가능케 하는 능동적 주체이다. 그것은 스스로를 설정함으로써 존재하고, 그 자율성 안에서 세계를 창조적으로 구성해낸다."

—『학문론 또는 이른바 철학의 개념에 대하여』, 1794

피히테에게 자아는 이미 주어진 실체가 아니다. 자아는 행위 속에서 스스로를 세우는 과정이다.

세계는 자아 앞에 놓인 완성된 대상이 아니라, 자아의 활동을 통해 의미를 갖는다.

자아는 세계에 종속되지 않는다. 자아는 세계와 끊임없이 긴장하며, 그 긴장 속에서 스스로를 확립한다. 피히테의 인간은 관찰자가 아니라, 책임을 통해 세계를 구성하는 존재다.

더 생각해보기

- 나의 자아는 발견되는가, 만들어지는가?
- 자유는 조건이 사라질 때 생기는가, 조건 속에서 실현되는가?
- 오늘의 선택은 나의 세계를 어떻게 구성하고 있는가?

쇼펜하우어 Arthur Schopenhauer, 1788~1860

독일 철학자로, 세계의 근원을 이성이 아닌 맹목적 의지에서 찾으며 인간 삶을 고통의 구조로 분석하였다.

- **의지** Will | 목적도 이유도 없는 맹목적 생의 충동.

- **표상** Representation | 인간에게 인식되는 세계의 모습.

- **고통** Suffering | 충족되지 않는 욕망에서 비롯되는 삶의 기본 상태.

"삶은 본질적으로 고통이며, 고통은 의지의 끝임없는 갈망에서 비롯된다. 고통은 인간의 욕망이 충족되지 못할 때 나타나는 필연적 결과이다. 고통에서 벗어나는 유일한 길은 의지를 부정하는 것이다. 궁극적인 지혜는 욕망을 끊고, 삶의 헛됨을 깨닫는 것이다."

—『의지와 표상으로서의 세계』, 1844

쇼펜하우어에게 고통은 우연이 아니다. 고통은 삶 그 자체의 구조다. 세계의 근원은 이성이나 목적이 아니라, 멈추지 않는 의지의 충동이다. 욕망은 충족되지 않으면 고통을 낳고, 충족되면 곧 새로운 결핍을 만들어낸다.

삶은 만족과 권태 사이를 오가는 진자다. 이 고리를 끊는 길은 더 많이 소유하는 데 있지 않다. 그 길은 욕망 자체를 내려놓는 데 있다.

더 생각해보기

- 나의 고통은 외부 조건에서 오는가, 욕망의 구조에서 오는가?

- 욕망을 줄이는 삶은 결핍인가, 다른 형태의 자유인가?

- 오늘의 사회는 욕망을 완화시키는가, 증폭시키는가?

021

소로 Henry David Thoreau, 1817~1862

미국의 사상가이자 자연주의 작가로, 문명과 관습의 속도에서 벗어나 자발적 단순성과 자연 속 삶을 통해 인간의 진정성을 탐구하였다.

- **자발적 단순성** Voluntary Simplicity | 필요 이상의 소유와 욕망을 스스로 줄이는 삶의 태도.

- **자연** Nature | 인간을 시험하고 비추는 삶의 근본적 거울.

"나는 나 자신을 찾고자 숲으로 갔다. 삶의 본질적인 사실들만을 마주하고, 그것이 나에게 가르쳐줄 수 있는 것이 무엇인지 배우고자 했다. 그리고 언젠가 죽음에 이르렀을 때, 내가 진정으로 살지 않았다는 사실을 깨닫지 않기 위해서였다."

—『월든』, 1854

소로에게 자연은 도피처가 아니다. 그것은 삶을 시험하는 장소다. 도시는 인간을 바쁘게 만들지만, 자연은 인간을 정직하게 만든다.

그는 더 많은 것을 가지려는 삶 대신, 덜 가지되 더 깊이 사는 삶을 선택했다. 문명은 편의를 제공하지만, 그 편의가 삶의 본질을 가리기도 한다.

진정한 삶은 멀리 있지 않다. 그것은 불필요한 것을 내려놓을 때 비로소 모습을 드러낸다.

더 생각해보기

· 나의 삶에는 정말로 필요한 것과 불필요한 것이 구분되어 있는가?

· 문명의 속도는 나를 살게 하는가, 소모시키는가?

· 자연은 오늘날에도 삶의 스승이 될 수 있는가?

022

헤르더 Johann Gottfried Herder 1744~1803

독일 출신의 철학자·신학자·역사사상가로, 인간을 고정된 본성의 소유자가 아니라 역사·언어·문화 속에서 형성되는 존재로 이해하며 근대 인간학과 문화철학의 기초를 놓았다.

- **형성**Bildung │ 인간이 교육·문화·역사적 경험을 통해 스스로를 만들어가는 과정.

- **언어**Sprache │ 인간이 세계를 인식하고 자신을 이해하게 만드는 가장 근본적인 형성의 매개.

"인간은 자기 자신을 형성해야만 하는 유일한 존재다. 그는 본능에 가장 적게 지배받으며, 대신 스스로를 가장 많이 만들어가야 한다. 자연 속에서 가장 연약하게 태어나지만, 동시에 가장 가능성에 열려 있는 존재다. 인간이 진정한 인간이 되는 것은 오직 교육, 문화, 그리고 타자와의 관계 속에서 이루어진다."
─『인류의 역사철학에 대한 이념』, 1791

인간은 태어날 때 가장 연약하지만, 그만큼 가장 열려 있는 존재다. 본능에 맡겨 사는 대신, 스스로를 만들어가야 하는 존재가 인간이다.

이 자기형성은 개인 내부에서 홀로 이루어지지 않는다. 인간은 언어를 통해 세계를 이해하고, 문화를 통해 자신을 규정하며, 타자와의 관계 속에서만 인간다워진다. 교육과 전통, 공동체의 역사적 경험이 인간을 인간으로 만든다.

더 생각해보기

- 인간에게 '본성'이 아니라 '형성'이 핵심이라면, 교육의 책임은 어디까지인가?

- 보편적 인간 개념과 문화적 차이는 어떻게 조화될 수 있는가?

- 언어와 문화가 인간을 만든다면, 인간은 스스로를 어디까지 다시 만들 수 있는가?

023

셀러 Max Scheler, 1874~1928

독일 출신의 철학자 · 현상학자 · 인간학자로, 인간을 단순한 이성적 존재가 아니라 '생명과 정신이 교차하는 장場'으로 이해하며 철학적 인간학 Philosophische Anthropologie 을 확립했다.

- **정신**Geist │ 욕망과 충동으로부터 거리를 두고 세계를 의미로 파악하는 능력.

- **생명충동**Lebensdrang │ 모든 생명체를 관통하는 맹목적 생존의 힘. 목적 없이 확장하고 충족을 추구한다.

"인간은 우주의 중심이 아니다. 그러나 그는 우주의 모든 힘들이 자신을 통해 자각하게 되는 장소이며, 서로 갈등하는 근원적 힘들이 하나의 형태로 통합되고자 분투하는 장이다. 생명 충동과 정신은 인간 안에서 처음으로 마주치고, 긴장하며, 상호 작용하며, 결국 완전성을 향해 나 아가는 운동을 시작한다."
─『우주에서의 인간의 위치』, 1928

셀러에게 인간은 강한 존재가 아니다. 인간은 늘 흔들리는, 불안정한 존재다. 그러나 바로 그 불안정성 속에서 인간은 세계를 질문한다.
욕망을 가지면서도 욕망을 바라보고, 세계 안에 있으면서도 세계를 넘어서 사유한다.
그래서 인간은 완성된 존재가 아니라, 완전성을 향한 운동이 시작되는 장소다.

더 생각해보기

- 인간이 우주의 '자각 기관'이라면, 그 윤리적 책임은 어디까지인가?

- 기술 문명은 인간의 거리두기 능력을 강화하고 있는가, 약화시키고 있는가?

- 오늘날 우리는 생명충동과 정신 중 어디에 더 가까운 삶을 살고 있는가?

024

키에르케고르 Søren Aabye Kierkegaard, 1813~1855

덴마크 출신의 철학자·신학자로, 보편적 이성의 체계보다 개인의 실존과
선택을 사유의 출발점에 두며 실존철학의 길을 열었다.

- **불안**Angest │ 위험의 공포가 아니라, 선택할 수 있다는 자유 그 자체에서 발생하는 감정.
- **자유**Freedom │ 외적 제약의 부재가 아니라, 자기 자신이 되어야 한다는 책임.

"불안은 자유가 낳는 현기증이다. 사람이 낭떠러지를 내려다볼 때, 발 밑의 깊이를 보고 어지러워지는 것처럼, 자유 앞에 선 인간은 자신이 선택할 수 있다는 가능성 때문에 불안을 느낀다."
─『불안의 개념』, 1844

인간은 자유롭기 때문에 불안하다. 불안은 결함이 아니라, 자유의 징표다. 선택 앞에서 떨리는 이 순간에야 비로소 인간은 자기 실존과 마주한다.
철학의 역할은 안심시키는 것이 아니다. 철학은 인간을 선택의 자리로 데려다 놓는다. 그리고 그 선택의 무게를 각자 스스로 감당하게 만든다.

더 생각해보기

- 불안을 제거해야 할 문제로만 보고 있지는 않은가?

- 선택을 미루는 삶은 자유로운가, 아니면 자유를 회피하는가?

- 오늘 나는 어떤 진리를 '알고' 있는가, 어떤 진리를 '살고' 있는가?

 **니체** Friedrich Wilhelm Nietzsche, 1844~1900

독일 출신의 철학자·문헌학자로, 전통적 도덕과 형이상학을 근본에서 해체하며 삶을 긍정하는 새로운 인간상을 사유하였다.

- **초인** Übermensch │ 완성된 이상형이 아니라, 기존의 인간을 넘어 끊임없이 자신을 극복해가는 방향성.

- **의지** 권력에의 의지, **Wille zur Macht** │ 지배 욕망이 아니라, 자신의 삶에 형식을 부여하고 의미를 창조하려는 근원적 힘.

"인간은 짐승과 초인 사이에 걸쳐진 다리이며, 그 다리는 깊은 낭떠러지 위에 매달려 있다. 인간이 위대한 이유는 목적이기 때문이 아니라, 더 높은 존재로 나아가기 위한 다리이기 때문이다."
─『차라투스트라는 이렇게 말했다』, 1883

니체에게 인간은 목적이 아니다. 인간은 과정이다. 안전한 도착지는 없다. 신은 죽었고, 외부의 기준은 사라졌다. 그래서 인간은 낭떠러지 위에 서 있다.

그러나 이 불안정성은 몰락이 아니라 가능성이다. 초인은 다른 존재가 아니다. 초인은 스스로에게 안주하지 않는 인간이다. 고통과 혼란, 실패조차 삶의 재료로 삼아 자기만의 가치를 창조하는 인간.

• 나는 지금 무엇에 안주하고 있는가?

• 나의 도덕과 가치 판단은 나를 강하게 만드는가, 약하게 만드는가?

• '의미를 찾는 삶'과 '의미를 만드는 삶'은 어떻게 다른가?

야스퍼스 Karl Jaspers, 1883~1969

독일 출신의 철학자 · 정신과 의사로, 인간을 객관적 지식의 대상이 아니라
스스로를 선택하며 초월을 향해 열려 있는 실존으로 사유하였다.

- **한계상황**Grenzsituation │ 죽음 · 고통 · 투쟁 · 죄책처럼 피할 수 없고
  해결되지 않는 상황.

- **초월**Transzendenz │ 세계 바깥의 어떤 대상이 아니라, 실존이 스스
  로를 넘어서도록 부르는 지평.

"인간은 언제나 자기 자신이 아는 것보다 더 많은 존재이다. 그는
항상 자기 자신이 되어가는 과정 속에 있는 존재이며, 오직 자기
자신이 되기로 결단할 때만 진정한 자아가 된다. 우리는 우리 자
신을 선택할 때에만 비로소 우리 자신이 된다."
―『철학』, 1932

야스퍼스에게 인간은 완결된 존재가 아니다. 인간은 언제나 되어가는 중이며, 자신을
완전히 알 수 없다. 그러나 한계상황에서 인간은 도망칠 수 없다. 설명도 위로도 작동
하지 않는 그 지점에서, 인간은 결단해야 한다.
초월은 도피처가 아니다. 초월은 인간을 세계 너머로 데려가는 것이 아니라, 자기 자
신 앞에 서게 만든다.

- 나에게 지금 가장 회피하고 싶은 한계상황은 무엇인가?

- 나는 이미 주어진 자아를 확인하며 살고 있는가, 스스로를 선택하며 살고 있는가?

- 초월을 '어딘가에 있는 것'이 아니라 '응답해야 할 요청'으로 이해할 수 있는가?

 **사르트르** Jean-Paul Sartre, 1905~1980

프랑스 출신의 철학자·작가·사회참여 지식인으로, 인간을 자유와 책임의 주체로 규정하며 실존주의를 급진적으로 전개했다.

- **실존은 본질에 앞선다**Existence precedes Essence │ 인간은 미리 정해진 본질을 가지고 태어나지 않으며, 행위를 통해 스스로를 규정한다.
- **앙가주망**Engagement │ 사유를 행동으로 옮기는 실존의 태도. 철학은 해석이 아니라 개입이어야 한다.

"인간은 자신이 만든 것 외에는 아무것도 아니다. 이것이 실존주의의 첫 번째 원칙이다. 인간은 자기 행위들의 총합이며, 곧 자신의 삶 그 자체일 뿐이다."
─『실존주의는 휴머니즘이다』, 1946

사르트르에게 인간은 변명할 수 없다. 신도, 본성도, 운명도 없다. 그래서 인간은 전적으로 자유롭다. 그리고 그만큼 전적으로 책임진다. 선택하지 않겠다는 선택조차 선택이다. 인간은 자신의 삶을 통해 인간이 무엇이어야 하는지를 보여준다. 이 자유는 고립이 아니다.

나의 선택은 언제나 타자와 세계를 향해 열려 있다. 그래서 자유는 윤리가 되고, 책임은 연대가 된다.

- 나에게 지금 가장 회피하고 싶은 한계상황은 무엇인가?
- 나는 이미 주어진 자아를 확인하며 살고 있는가, 스스로를 선택하며 살고 있는가?
- 초월을 '어딘가에 있는 것'이 아니라 '응답해야 할 요청'으로 이해할 수 있는가?

028

프로이트 Sigmund Freud, 1856~1939

오스트리아 출신의 신경학자·정신분석학자로, 인간 정신을 의식의 주권에서 무의식의 갈등 구조로 전환시키며 현대 인간 이해의 지형을 바꾸었다.

- **무의식** Unconscious │ 의식의 통제 밖에서 작동하며 욕망·기억·충동을 저장하는 심층 영역.

- **이드** Id │ 쾌락 원리에 따라 즉각적 만족을 추구하는 원초적 충동의 저장소.

"인간은 자기 마음의 주인이 아니다. 우리의 정신은 작은 섬과 같고, 그 아래에는 광대한 심연이 펼쳐져 있다. 무의식은 이드에 뿌리를 두고 있으며, 자아와 초자아를 통해 억압과 갈등을 형성한다."
―『정신분석 입문』, 1917

프로이트는 인간의 자기이해를 뒤흔든다. 우리는 합리적 주인이 아니라, 갈등의 장이다. 무의식의 충동, 사회의 규범, 현실의 제약 사이에서 늘 흔들린다.
이 불안정성은 결함이 아니라 인간 조건이다. 프로이트에게 성숙이란 순결이 아니라 자기 불투명성을 감당하는 능력이다.

　　　　　3부 | 인간과 삶

- 나는 내 선택의 이유를 얼마나 정확히 알고 있는가?

- 억압된 감정은 어떤 방식으로 내 삶에 돌아오고 있는가?

- '자기 이해'는 통제의 강화인가, 수용의 확장인가?

029

융 Carl Gustav Jung, 1875~1961

스위스 출신의 정신과 의사·분석심리학자로, 인간을 개인적 무의식에 갇힌 존재가 아니라 인류 전체의 심층과 연결된 상징적 존재로 이해했다.

- **집단무의식**Collective Unconscious │ 개인의 경험 이전에 존재하는, 인류가 공유하는 심층의 무의식 구조.
- **원형**Archetype │ 집단무의식 속에 잠재한 보편적 상징 형식.

"집단무의식은 개인의 경험에 의해 획득된 것이 아니라, 인류 전체가 공유하는 심층 구조다. 그것은 우리의 마음속에 이미 존재하는 원형들의 저장소이며, 신화, 꿈, 종교를 통해 반복적으로 모습을 드러낸다. 개인은 자신이 만들어낸 존재가 아니라, 인류의 심연에서 떠오른 존재다."

―『무의식의 심리학』, 1916

융에게 인간은 단일한 자아가 아니다. 인간은 의식과 무의식, 개인과 집단, 현재와 원초가 겹쳐진 존재다. 무의식은 혼란이 아니라 의미의 저장소다. 융의 인간학은 인간을 통제의 대상으로 보지 않는다. 인간은 해석되어야 할 텍스트이며, 자기 실현은 그 텍스트를 끝까지 읽어내는 과정이다.

- 나는 내 안의 '그림자'를 어떤 방식으로 회피하고 있는가?

- 반복되는 꿈이나 상징은 나에게 무엇을 요구하는가?

- '나답게 산다'는 말은 자아의 강화인가, 전체성과의 화해인가?

030

아들러 Alfred Adler, 1870~1937

오스트리아 출신의 정신과 의사 · 개인심리학 창시자로, 인간을 과거의 원인에 묶인 존재가 아니라 의미와 목적을 향해 나아가는 사회적 존재로 이해했다.

- **열등감**Inferiority Feeling | 결핍이나 약점에서 비롯되는 감정이 아니라, 성장을 자극하는 출발점.

- **우월성 추구**Striving for Superiority | 타인을 이기려는 욕망이 아니라, 자기 삶을 의미 있게 완성하려는 목적성.

"인간은 결코 객관적인 환경이나 과거의 경험 때문에 고통받는 것이 아니다. 그가 의미를 부여한 것 때문에 고통받는 것이다. 중요한 것은 무엇이 주어졌는가가 아니라 그것을 어떻게 활용하느냐이다."

—『삶의 의미』, 1931

아들러는 인간을 과거의 상처로 설명하지 않는다. 인간은 해석하는 존재다. 같은 경험도 어떤 의미를 부여하느냐에 따라 전혀 다른 삶을 만든다.

열등감은 삶을 멈추게 하지 않는다. 그것은 방향을 묻는다. 문제는 결핍이 아니라, 결핍을 어디로 사용하느냐다. 삶은 치료의 대상이 아니라, 의미의 과제다.

- 나의 열등감은 지금 어떤 방향으로 나를 이끌고 있는가?

- 나는 경쟁을 통해 자신을 증명하려 하는가, 기여를 통해 자신을 완성하려 하는가?

- 과거의 경험을 원인으로 삼는 대신, 목표로 재구성할 수 있는가?

031

매슬로우 Abraham H. Maslow, 1908~1970

미국 출신의 심리학자로, 인간을 결핍의 산물이 아니라 성장과 실현을 지향하는 존재로 이해하며 인본주의 심리학을 정립했다.

- **욕구 위계**Hierarchy of Needs │ 인간의 욕구가 무작위가 아니라 기초에서 고차로 단계적으로 조직되어 있다는 관점.
- **결핍 욕구**Deficiency Needs │ 충족되지 않을 때 긴장과 고통을 낳는 욕구들.
- **성장 욕구**Growth Needs │ 충족될수록 더 확장되는 욕구.

"사람은 빵이 없을 때는 정말로 빵으로만 살아간다. 하지만 빵이 충분히 주어지고, 배가 항상 가득 찬다면 인간의 욕구는 어떻게 변할까? 그 순간부터 다른 (그리고 더 고차원적인) 욕구들이 등장하며, 생리적 욕구가 아니라 이들이 인간을 지배하게 된다."
—『인간 동기의 이론』, 1943

인간은 생존을 넘어 의미를 요구하는 존재다. 빵이 없을 때 인간은 빵을 원한다. 그러나 빵이 충분해지면, 인간은 존엄과 목적을 묻는다.

욕구의 계층성은 고정된 사다리가 아니다. 그것은 삶의 조건에 따라 전면이 바뀌는 관심의 지형이다. 자기실현은 특별한 소수의 성취가 아니다. 그것은 각자가 자기 삶의 가능성에 정직해지는 태도다.

____

'자기실현'은 성취 목록인가, 아니면 삶의 진실성에 대한 태도인가?

____

더 생각해보기

· 지금 내 삶을 가장 강하게 지배하는 욕구는 무엇인가?

· 결핍을 채우는 데서 멈추지 않고, 성장을 요구하고 있는가?

· '자기실현'은 성취 목록인가, 아니면 삶의 진실성에 대한 태도인가?

032

라캉 Jacques Lacan, 1901~1981

프랑스 출신의 정신분석학자·사상가로, 프로이트를 언어학·구조주의와 결합하여 주체·욕망·무의식의 언어적 구조를 새롭게 정식화했다.

- **대타자**the Big Other ｜ 실제 인물이 아니라, 언어·규범·법·상징 질서의 자리.

- **욕망**Désir ｜ 필요need 나 요구demand 가 아니라, 결코 충족되지 않는 결핍의 운동.

- **상징계**Symbolic Order ｜ 언어·법·규칙으로 구성된 사회적 질서.

"주체는 언어 속에서 존재하며, 언어는 욕망과 무의식의 구조를 규정 한다. 언어는 주체를 형성하는 동시에 주체의 결핍을 드러낸 다."
—『에크리』, 1966

라캉에게 인간은 욕망하는 존재다. 그러나 그 욕망은 '내 것'이 아니다. 나는 내가 원하는 것을 원하지 않는다. 나는 타자가 나에게 원하길 바라는 것을 욕망한다.

주체는 언어 속에서 태어나며, 그 순간부터 분열된다. 욕망은 채워질 수 없기에 멈추지 않는다. 치유는 충족이 아니라, 자기 욕망의 구조를 끝까지 책임지는 것이다.

더 생각해보기

- 내가 원하는 것은 정말 나의 욕망인가, 타자의 기대인가?
- 인정받고 싶은 욕망은 어디에서 형성되었는가?
- 결핍을 제거하려 하기보다, 그 결핍을 살아낼 수 있는가?

033

다윈 Charles Darwin, 1809~1882

영국 출신의 자연과학자로, 인간을 자연의 예외가 아니라 진화의 연속선 위에 놓인 생명체로 재정의하며 인간 이해의 근본 전환을 이끌었다.

- **자연선택**Natural Selection │ 개체 간 변이가 환경과 상호작용하며 생존과 번식에 유리한 형질이 축적되는 과정.

- **변이**Variation │ 개체마다 존재하는 미세한 차이들.

"인간은 자연의 일부로서, 진화의 법칙에 따라 형성된 생명체다. 인간과 고등 유인원은 공통의 조상에서 분화되었으며, 이는 생명의 연속성을 보여준다. 지능과 도덕성 같은 인간의 고유한 특징도 생존과 번식에 유리하도록 진화한 결과다."
―『종의 기원』, 1859

다윈은 인간을 왕좌에서 내려놓는다. 인간은 설계된 존재가 아니라, 형성된 존재다. 자연에는 목적도 의도도 없다.

우리는 선택받은 종이 아니라, 우연과 환경의 산물이다. 그래서 인간다움은 주어진 특권이 아니라, 자연과의 연속성 위에서 스스로 감당해야 할 과제가 된다.

- 인간의 도덕과 이성은 자연적 기원을 가진다는 말은 무엇을 바꾸는가?

- 목적 없는 과정에서 의미는 어떻게 생겨나는가?

- 인간을 자연의 일부로 이해할 때, 인간의 책임은 줄어드는가, 커지는가?

034

도킨스 Richard Dawkins, 1941~

영국 출신의 진화생물학자·과학 저술가로, 진화의 단위를 개체가 아닌 유전자로 전환해 이해하며 생명과 인간 행동을 새롭게 해석했다.

- **이기적 유전자**Selfish Gene │ 개체가 아니라 유전자가 진화의 기본 단위라는 관점.
- **문화적 복제자, 밈**Meme │ 유전자처럼 모방을 통해 확산되는 문화적 정보 단위.

"진화는 유전자의 이기적 논리에 의해 움직인다. 그 속에서 이타성도, 희생도, 사랑조차도 설명된다. 인간은 유전자의 복제를 위한 생존 전략일 뿐이다. 그러나 우리는 그런 유전자를 이해함으로써, 그 논리로부터 벗어날 수도 있다."
─『이기적 유전자』, 1976

도킨스는 인간의 고귀함을 부정하지 않는다. 그는 인간의 기원을 냉정하게 드러낸다. 사랑과 희생, 도덕마저도 진화의 언어로 설명될 수 있다. 그러나 설명 가능성은 필연성을 의미하지 않는다.

인간은 유전자의 산물이다. 하지만 동시에 유전자를 이해하는 존재다. 이해는 자유의 조건이다.

🚩 더 생각해보기

- 인간 행동을 유전자로 설명하는 것은 책임을 약화시키는가, 명확히 하는가?
- '설명됨'과 '정당화됨'은 어떻게 다른가?
- 유전자의 논리를 이해한 인간은 어디까지 그 논리를 넘어설 수 있는가?

035

굴드 Stephen Jay Gould, 1941~2002

미국 출신의 진화생물학자·과학사상가로, 진화를 필연적 진보가 아니라 우연·단절·다양성의 역사로 재해석하며 생명 이해의 서사를 바꾸었다.

- **우연성** Contingency │ 진화의 결과가 미리 정해진 목표가 아니라, 사건들의 연쇄적 우연에 의해 달라진다는 관점.

- **단속평형** Punctuated Equilibrium │ 진화가 점진적 누적만으로 진행되지 않고, 긴 정체와 짧은 급변이 교차한다는 이론.

"우리는 역사의 산물이며, 상상할 수 있는 가장 다양하고 흥미로운 이 우주 속에서 스스로의 길을 개척해야 한다. 이 우주는 우리의 고통에 무관심하며, 그렇기에 우리는 스스로 번영하거나 실패할 수 있는 최대한의 자유를 부여받는다."
—『원더풀 라이프』, 1989

굴드는 인간을 위로하지 않는다. 그는 인간을 특별대우하지도 않는다. 자연은 우리에게 무관심하다. 그래서 우리는 선택받은 존재가 아니다.

그러나 바로 그 무관심 속에서 인간의 자유는 열린다. 목적이 없기에, 강요도 없다. 진화가 우연의 역사라면, 인간의 삶은 필연의 수행이 아니라 책임 있는 선택의 연속이다. 굴드는 인간에게 특권을 주지 않는다. 대신 자유를 남긴다.

더 생각해보기

- 진화를 진보의 서사로 이해할 때, 무엇이 왜곡되는가?
- 우연의 산물이라는 인식은 인간의 책임을 약화시키는가, 강화시키는가?
- 목적 없는 자연 속에서 인간은 어떤 의미를 만들어야 하는가?

036

켈러 Evelyn Fox Keller, 1936~2023

미국 출신의 과학철학자·과학사상가로, 생명과학의 언어와 은유를 비판적으로 분석하며 유전자 중심주의를 넘어선 관계적·복잡계적 생명 이해를 제시했다.

- **맥락 의존성**Context Dependence │ 유전자의 작용은 세포·유기체·환경의 상호작용 속에서만 드러난다.

- **복잡계**Complex Systems │ 부분들의 단순 합으로 환원되지 않는 비선형적 상호작용의 체계.

"유전자는 일종의 세속적 영혼처럼 작동해왔다. 그것은 궁극적인 결정자, 정체성의 자리, 생명의 본질로 간주된다. 그러나 이러한 생각은 허구다. 유전자는 스스로는 아무것도 하지 않는다. 그것은 오직 세포, 유기체, 환경이라는 맥락 속에서만 작용한다."
―『유전자의 세기』, 2000

켈러는 유전자를 부정하지 않는다. 그녀는 유전자를 혼자 두지 않는다. 생명은 단일 원인으로 설명되지 않는다. 설계도도 중심도 없다. 대신 얽힘이 있고, 피드백이 있으며, 맥락이 있다.

켈러의 비판은 과학을 약화시키지 않는다. 오히려 과학을 더 정직하게 만든다.

생명은 지배되지 않는다. 생명은 함께 작동한다.

　　　3부│인간과 삶

더 생각해보기

- 설명의 편의가 이해의 왜곡이 되는 순간은 언제인가?
- 복잡계로서의 생명은 책임과 자유를 어떻게 다시 사유하게 만드는가?
- 우리는 여전히 '결정자'를 찾고 있지는 않은가?

037

부버 Martin Buber, 1878~1965

오스트리아 태생의 유대계 철학자·종교사상가로, 인간을 고립된 주체가 아니라 관계 속에서 실존이 열리는 존재로 사유하며 대화철학을 확립했다.

- **나 – 너** Ich–Du / I–Thou │ 타자를 수단이나 대상이 아니라 전인격으로 마주하는 관계의 방식.

- **나 – 그것** Ich–Es / I–It │ 세계를 대상화·도구화하여 이용과 설명의 대상으로 대하는 태도.

"내가 한 인간을 '너'로 마주하고 그에게 '나–너'라는 근원적인 말을 건넬 때, 그는 더 이상 사물들 사이의 하나가 아니며, 어떤 성질들의 조합도 아니다. 그는 더 이상 '그'나 '그녀'가 아니고, 시공간의 좌표에 찍힌 점도 아니며, 설명 가능하거나 분석 가능한 존재도 아니다. 그는 '너'이며, 온 하늘을 가득 채운다."
—『나와 너』, 1923

부버에게 인간은 혼자서 완성되지 않는다. 자아는 독백 속에서 커지지 않는다. 인간은 '그것'을 다루며 살아가야 한다. 그러나 '너'를 잃는 순간, 인간은 세계를 얻고도 자신을 잃는다.

'나–너'의 만남은 지식도 도덕도 아니다. 그것은 존재의 방식이다. 타자를 대상으로 삼지 않을 때, 나는 비로소 나 자신이 된다.

- 나는 타자를 얼마나 자주 '그것'으로 대하고 있는가?

- 이해하려는 태도와 마주하려는 태도는 어떻게 다른가?

- 오늘 나의 삶에는 '나-너'의 순간이 존재하는가?

038

프랭클 Viktor E. Frankl, 1905~1997

오스트리아 출신의 신경과 의사·정신과 의사로, 극한의 수용소 경험을 바탕으로 의미를 향한 인간의 의지를 중심에 둔 로고테라피를 정립했다.

- **의미의 의지** Will to Meaning | 쾌락이나 권력보다 더 근본적인, 삶이 의미 있기를 바라는 인간의 동력.
- **태도의 자유** Freedom of Attitude | 외적 조건이 박탈되어도 남는 마지막 인간의 자유.

"인간에게서 모든 것을 빼앗을 수 있다. 하지만 단 하나는 누구도 빼앗을 수 없다. 그것은 어떤 상황에서도 자신의 태도를 선택할 자유, 자신만의 방식으로 대응할 수 있는 자유이 다. 우리는 늘 선택할 수 있다."
— 『의미의 의지』, 1969

프랭클은 인간을 행복의 추구자로 보지 않는다. 인간은 의미를 요구받는 존재다. 모든 것이 빼앗긴 자리에서도, 인간에게는 태도를 선택할 자유가 남는다. 이 자유는 위안이 아니라 책임이다.

고난은 제거의 대상이지만, 제거할 수 없을 때 인간은 자기 삶의 존엄을 선택할 수 있다.

- 지금 내 삶이 나에게 요구하는 의미는 무엇인가?

- 바꿀 수 없는 조건 앞에서, 나는 어떤 태도를 선택하고 있는가?

- 의미를 '느끼는 것'이 아니라 '응답하는 것'으로 이해할 수 있는가?

039

프롬 Erich Fromm, 1900~1980

독일 태생의 사회심리학자·인본주의 정신분석가로, 인간을 충동의 존재가 아니라 자유·사랑·책임을 배워야 하는 존재로 이해하며 현대 사회의 소외를 비판했다.

- **사랑**Love | 감정이나 소유가 아니라, 능동적 태도이자 실천. 사랑은 빠지는 것이 아니라, 배워야 하는 기술이다.

- **자유**Freedom | 고립이나 무책임이 아니라, 타자와 관계 맺을 수 있는 능력. 사랑 없는 자유는 불안으로 변한다.

"사랑은 태도이며, 인격의 성숙을 필요로 한다. 사랑은 주는 것이다, 주는 행위 자체가 기쁨의 표현이기 때문이다."
―『사랑의 기술』, 1956

프롬에게 사랑은 구원이 아니다. 사랑은 과제다.

인간은 자유를 원하면서도, 자유가 요구하는 고독과 책임을 두려워한다. 그래서 우리는 소유로 사랑을 대체하려 한다. 그러나 소유는 결코 사랑을 낳지 않는다.

사랑은 능동적이다. 그것은 주는 행위이며, 타자의 성장을 기뻐하는 태도다. 그는 말한다. 사랑은 인간을 자유롭게 한다. 그러나 그 자유는 성숙을 요구한다.

더 생각해보기

· 나는 사랑을 감정으로 이해하고 있는가, 태도로 이해하고 있는가?

· 사랑이라는 이름으로 소유하거나 의존하고 있지는 않은가?

· 자유는 혼자 있음인가, 관계를 감당할 수 있는 능력인가?

040

레비나스 Emmanuel Levinas, 1906~1995
리투아니아 태생의 프랑스 철학자로, 철학의 중심을 인식이나 존재가 아니라 타자에 대한 윤리적 책임에 두며 20세기 윤리철학의 방향을 근본적으로 전환했다.

- **얼굴**Face │ 물리적 형상이 아니라, 타자가 나에게 직접적으로 호소하는 현현.
- **타자**the Other │ 내가 이해하고 포섭할 수 있는 대상이 아니라, 끝내 환원되지 않는 존재.

"얼굴은 포섭되기를 거부함으로써 그 자체로 드러난다. 그 표현 속에서, 그 현현 속에서, 얼굴은 윤리의 최초 차원을 연다. 얼굴은 나에게 말을 걸고, 그로 인해 권력으로는 결코 다다를 수 없는 관계로 나를 초대 한다. 이것이 윤리의 표현이다."
─『전체성과 무한』, 1969

레비나스에게 인간은 주체로 시작하지 않는다. 인간은 호명으로 시작한다. 타자의 얼굴은 나를 판단하지 않는다. 그 얼굴은 나에게 책임을 맡긴다.
이 책임은 선택이 아니다. 나는 이미 책임지고 있다. 윤리는 규칙도 계산도 아니다. 윤리는 타자 앞에서 물러설 수 없게 되는 상태다.

- 나는 타자를 이해하려 하는가, 먼저 책임지려 하는가?

- 윤리를 규칙이 아니라 만남의 사건으로 이해할 수 있는가?

- 책임이 자유를 제한하는가, 아니면 자유를 가능하게 하는가?

041

레오폴드 Aldo Leopold, 1887~1948

미국의 생태학자이자 환경사상가로, 근대 윤리를 인간 중심에서 생태 공동체 전체로 확장하며 현대 환경윤리의 기초를 마련했다.

- **땅 윤리**Land Ethic│윤리를 인간 사회에 한정하지 않고, 토양·물·식물·동물을 포함한 생태계 전체로 확장하는 도덕 원리.
- **땅 공동체**Land Community│인간과 비인간이 함께 이루는 상호의존적 생명 네트워크. 인간은 중심이 아니라 구성원이다.

"땅 윤리는 공동체의 경계를 넓혀, 토양, 물, 식물, 동물, 곧 '대지' 전체 를 포함시키는 것이다. 공동체를 보는 이러한 시각의 변화는 생태적 양심을 키우는 데 있어 가장 중요한 첫걸음이다. 요컨대, 땅 윤리는 인간을 '땅 공동체'의 정복자가 아닌, 평범한 구성원이자 시민으로 자리매김하도록 만든다."
─『샌드 카운티 연감』, 1949

레오폴드는 인간의 도덕성을 부정하지 않는다. 그는 도덕의 적용 범위를 넓힌다. 문제는 인간이 선한가 악한가가 아니고, 인간이 자신을 어디에 위치시키는가이다. 자연을 소유물로 보면, 파괴는 합리화된다. 자연을 공동체로 보면, 책임이 생긴다. 레오폴드에게 윤리는 선언이 아니다. 윤리는 땅 위에서 반복되는 삶의 방식이다.

더 생각해보기

- 윤리는 어디까지 확장될 수 있는가? 비인간도 포함되는가?
- 생태 위기는 기술의 문제인가, 윤리의 문제인가?
- 나는 자연을 자원으로 대하는가, 공동체로 대하는가?

042

후쿠오카 Masanobu Fukuoka, 1911~2008

일본의 농학자이자 사상가로, 근대 농업과 인간 중심적 이성을 근본에서
재검토하며 자연과 삶의 비개입적 조화를 사유한 생태적 실천가이다.

- **무위농법** Do-Nothing Farming │ 인간의 개입을 최소화하고, 자연의
  자기 질서에 맡기는 농법.
- **자연순응** Natural Way │ 자연을 개선·통제의 대상으로 보지 않고,
  이미 충분히 완전한 질서로 받아들이는 태도.

"자연에 순응한다는 것은 아무것도 하지 않는 것이다. 아무것도
하지 않는다는 것은 인간의 보잘것없는 지식(지혜)에 기대 인위적
인 일을 하지 않는 것이다."
―『짚 한 오라기의 혁명』, 1975

후쿠오카는 자연을 회복하려 하지 않는다. 자연은 이미 망가지지 않았다. 문제는 인
간의 개입이다.우리는 더 잘하려고 망친다. 더 많이 알수록, 더 많이 개입한다.
후쿠오카의 '아무것도 하지 않음'은 무책임이 아니다. 그것은 인간 중심성의 철회다.
삶을 단순하게 만든다는 것은 가난해지는 것이 아니라, 자연과 경쟁하지 않는 것이
다. 자연과 싸우지 않을 때, 인간은 비로소 자연의 일부가 된다.

더 생각해보기

- 우리는 자연을 돕고 있는가, 방해하고 있는가?

- '아무것도 하지 않음'은 언제 책임이 되고, 언제 방임이 되는가?

- 간소한 삶은 개인의 선택인가, 문명의 전환인가?

043

윌슨 Edward O. Wilson, 1929~2021

미국의 생물학자이자 사회생물학의 창시자로, 인간을 자연 밖의 존재가 아니라 생명 공동체의 한 구성원으로 재위치시키며 생태 윤리의 철학적 토대를 확장하였다.

- **바이오필리아** Biophilia │ 인간이 본능적으로 생명과 생명 과정에 끌리는 성향.

- **생물다양성** Biodiversity │ 지구 생명의 풍부한 차이와 상호의존적 네트워크. 인류의 생존은 다양성의 유지에 달려 있다.

"우리가 다른 생명체를 이해하게 되는 만큼, 우리는 그들을 더 소중히 여기게 되고, 결국 우리 자신도 더 소중히 여기게 된다. 모든 종은 하나의 걸작품이며, 극도의 정성과 천재성으로 조립된 창조물이다. 가장 미미한 생명체조차도 예술작품이며, 존중받을 가치가 있다."

─『바이오필리아』, 1984

윌슨은 인간을 자연의 꼭대기에 두지 않는다. 인간은 자연을 관리할 자격을 타고난 존재도 아니다.

자연을 소유물로 볼수록 우리는 파괴한다. 자연을 공동체로 인식할수록 우리는 절제한다. 바이오필리아는 감상이 아니다. 그것은 인간 안에 남아 있는 자기 보존의 윤리다.

자연을 보호하는 일은 타자를 위한 도덕이 아니라, 인간 자신을 위한 선택이다.

더 생각해보기

- 자연을 '관리한다'는 말은 어떤 위험을 내포하는가?

- 보호와 통제는 어디에서 갈라지는가?

- 생물다양성의 상실은 윤리적 문제인가, 생존의 문제인가?

044

플럼우드 Val Plumwood, 1939~2008

오스트레일리아의 생태철학자이자 에코페미니즘 사상가로, 인간 중심주의와 이분법적 사고가 자연과 타자를 어떻게 지배의 대상으로 만들어왔는지를 급진적으로 비판하였다.

- **배경화**Backgrounding │ 자연을 인간 행위의 무대나 자원으로만 간주하고, 그 고유한 작용성과 고통을 지워버리는 인식 방식.

- **응시의 전환**The Gaze Reversed │ 인간이 자연을 바라본다는 착각이 깨지고, 자연 역시 인간을 '보고 있다'는 인식의 전복적 순간.

"자연은 인간을 위한 배경이 아니라, 인간과 함께 살아가는 행위자이며 타자이다. 내가 악어에게 공격당했을 때, 나는 비로소 자연이 나를 응시하고 있었다는 것을 느꼈다."

─『악어의 눈』, 2012

플럼우드는 자연을 보호의 대상 이전에 관계의 상대로 되돌려 놓는다. 문제는 인간의 잔혹함만이 아니라. 인간이 언제나 보는 자이고, 자연은 보여지는 것이라는 전제다. 악어의 눈은 이 전제를 무너뜨린다. 그 순간 인간은 자연의 중심에서 밀려나, 하나의 취약한 생명으로 다시 위치 지워진다.

- 인간이 자연의 '주체성'을 인정할 때, 윤리는 어떻게 달라지는가?
- 보호라는 언어는 또 다른 지배의 형태일 수 있는가?
- 자연을 타자로 인식하는 것은 인간의 자유를 제한하는가, 확장하는가?

045

울스턴크래프트 Mary Wollstonecraft, 1759~1797

영국의 계몽주의 철학자이자 초기 페미니즘 사상가로, 여성 억압의 근원을 '자연'이 아니라 교육·관습·제도에서 찾으며 인간으로서의 이성과 시민적 권리를 옹호하였다.

- **이성** Reason │ 여성 역시 남성과 동일한 이성적 능력을 지닌 인간이라는 전제. 차별의 근거는 본성이 아니라 교육과 제도다.

- **교육** Education │ 여성의 '열등함'은 타고난 것이 아니라 잘못 설계된 교육의 산물. 이성의 훈련이 시민적 덕을 만든다.

- **덕** Virtue │ 성별에 따라 다른 덕이 존재하지 않는다. 도덕적 탁월함은 인간 보편의 기준이다.

"이제는 여성의 행동 방식에 혁명을 일으켜야 할 때다. 그들이 잃어버린 존엄을 회복하고, 인류의 일부로서 자신을 개혁함으로써 세상을 바꾸는 데 이바지해야 한다."

―『여성의 권리 옹호』, 1792

울스턴크래프트의 질문은 급진적으로 단순하다. 여성은 인간인가.

그녀는 여성의 '부드러움'이나 '순종'을 미덕으로 만드는 도덕을 거부한다. 문제는 여성의 본성이 아니라, 여성을 그렇게 만들어 온 사회다.

이성의 교육 없이 덕을 요구하는 것은 위선이다. 자율 없는 미덕은 복종일 뿐이다. 여성이 인간으로 인정될 때, 가정·정치·도덕 모두가 재구성된다.

💡 더 생각해보기

- 덕과 시민성은 성별에 따라 달라질 수 있는가?

- 보호라는 명분은 언제 차별로 전환되는가?

- 오늘날 교육은 여성을 '자율적 주체'로 길러내고 있는가?

046

보부아르 Simone de Beauvoir, 1908~1986
프랑스의 실존주의 철학자이자 페미니즘 이론가로, 여성 억압을 생물학이
아닌 사회 · 역사 · 문화적 구성의 결과로 분석하며 '여성됨'의 철학적 조건
을 근본적으로 재정식화했다.

- **타자**Other / Autre | 여성이 주체가 아니라 남성에 의해 규정된 존재
  로 위치 지워지는 구조. 남성은 보편, 여성은 특수로 설정된다.
- **구성됨**Construction | '여성다움'은 자연이 아니라 교육, 관습, 담론
  의 산물. 차이는 만들어진다.

"여성은 태어나는 것이 아니라, 여성으로 만들어지는 것이다. 여
성이라는 존재는 남성과 거세된 자 사이의 중간적 존재로서, 문명
전체가 만들어낸 산물이다. 오직 타인의 개입을 통해서만 개인은
'타자'로 규정된다."
―『제2의 성』, 1949

보부아르는 묻는다. 왜 여성은 늘 타자로 남는가. 여성의 삶은 본성 때문이 아니라, 상
황 속에서 반복적으로 구성된다. 교육, 노동, 사랑, 성, 모성은 모두 여성에게 특정한
방식으로 강요된다.
문제는 차이가 아니라 위계다. 여성이 인간이 되기 위해 필요한 것은 새로운 미덕이
아니다. 동일한 자유다. 실존은 남성의 특권이 아니다.

![lamp icon] **더 생각해보기**

- 오늘날 '여성다움'은 얼마나 자연처럼 말해지는가?
- 선택은 언제 자유가 되고, 언제 강요가 되는가?
- 타자로 규정되지 않는 주체성은 어떻게 가능한가?

047

세지윅 Eve Kosofsky Sedgwick, 1950~2009

미국의 문학이론가이자 퀴어 이론의 핵심 사상가로, 성적 정체성과 욕망이 어떻게 지식·권력·언어의 구조 속에서 규정되고 억압되는지를 분석했다.

- **벽장**Closet │ 동성애를 사적 영역에 가두는 사회적·인식론적 장치.
- **이성애 규범성**Heteronormativity │ 이성애를 정상·보편으로 설정하는 사회적 규칙.

"벽장은 이 시대 동성애 억압을 구성하는 결정적인 구조이다. 이 구조는 동성애자들이 빠져나올 수 없는 인식론적 이중 구속을 가능하게 만든다. 커밍아웃은 직업, 가족, 안전을 잃을 위험을 의미하고, 침묵은 자기 존재의 부정과 지워짐에 동참하는 길이다."
─『벽장의 인식』, 1990

세지윅에게 문제는 개인의 용기가 아니다. 문제는 말할 수 없게 만드는 구조다. 벽장은 사라지지 않는다.

사랑이 성을 뛰어넘는가라는 질문은, 누가 사랑을 말할 수 있는가라는 질문으로 바뀐다. 침묵과 폭로 사이에서 주체는 늘 위험에 놓인다.

더 생각해보기

- 커밍아웃은 언제 해방이고, 언제 또 다른 강제가 되는가?

- 사회는 어떤 정체성을 '말해지지 않도록' 유지하는가?

- 사랑과 친밀성은 규범적 성 정체성 없이도 사유될 수 있는가?

048

마르쿠제 Herbert Marcuse, 1898~1979

독일 출신의 철학자이자 프랑크푸르트학파 핵심 이론가로, 자본주의 후기 사회에서 욕망·기술·문화가 어떻게 비판적 사유를 무력화하는지를 분석했다.

- **억압적 관용**-Repressive Tolerance │ 모든 의견을 '관용'한다는 명목 아래, 지배적 담론을 실제로는 보호하는 체제.

- **일차원적 인간**-One-Dimensional Man │ 체제에 비판적인 사유 능력을 상실한 인간 유형.

"현대 사회의 고도로 발달된 영역에서는 생산 장치와 그것이 만들어내는 상품 및 서비스가 사회 전체 체제를 '판매'하거나 강요한다. 이 상품들은 사람들을 세뇌하고 조종하며, 거짓임에도 그것에 면역된 '허위의식'을 촉진시킨다."

―『일차원적 인간』, 1964

마르쿠제는 억압이 더 이상 폭력으로만 작동하지 않는다고 본다. 현대의 지배는 만족과 관용의 형태를 띤다. 사람들은 선택한다고 느끼지만, 선택지는 이미 설계되어 있다. 비판은 허용되지만, 체제를 흔들지는 못한다. 관용은 갈등을 제거하는 대신, 변혁을 제거한다. 자유는 확장된 것처럼 보이지만, 사유는 평면화된다.

해방은 체제 안의 개선이 아니라, 체제가 배제한 가능성을 다시 사유하는 데서 시작된다.

더 생각해보기

· 오늘날의 '표현의 자유'는 실제로 무엇을 보호하는가?

· 관용은 언제 해방이 아니라 억압이 되는가?

· 비판이 체제에 흡수되지 않으려면 어떤 조건이 필요한가?

049

체 게바라 Ernesto "Che" Guevara, 1928~1967

아르헨티나 출신의 혁명가이자 사상가로, 쿠바 혁명 이후 사회주의의 윤리적 기반을 인간 변형에서 찾았다.

- **새로운 인간**New Man / Hombre Nuevo │ 물질적 보상보다 도덕적 동기에 의해 행동하는 인간형.
- **도덕적 동기**Moral Incentives │ 이익·보상보다 연대와 책임에서 비롯되는 행동의 원천.

"새로운 인간은 자기 자신과의 싸움에서 태어난다. 자신의 이기심을 억제하고 공동체를 위해 헌신하는 과정 속에서 비로소 사회주의적 인간이 완성된다. 우리는 사랑 없이는 혁명을 할 수 없다. 진정한 혁명가는 위대한 사랑에 의해 이끌린다."

체 게바라는 혁명을 경제 체제의 전환으로만 보지 않았다. 그에게 혁명의 핵심은 인간의 변화이다.

새로운 사회는 새로운 인간을 요구한다. 그리고 그 인간은 투쟁 속에서, 자기 자신을 넘어서는 실천 속에서 태어난다.

- 제도가 인간을 바꾸는가, 인간이 제도를 바꾸는가?

- 도덕적 동기는 현대 사회에서도 실질적 힘이 될 수 있는가?

- '사랑에 의해 이끌리는 정치'는 현실적인가, 이상적인가?

050

피터 싱어 Peter Singer, 1946~

호주 출신의 윤리학자이자 실천철학자로, 공리주의 전통을 현대적으로 확장하며 인간 중심 윤리를 넘어 고통을 느끼는 모든 존재에 대한 도덕적 고려를 주장했다.

- **고통의 평등 고려** Equal Consideration of Interests │ 도덕적 고려의 기준은 이성이나 종種이 아니라 고통을 느낄 수 있는 능력이다. 비슷한 고통은 누구의 것이든 동등하게 고려되어야 한다.
- **종차별주의** Speciesism │ 인간이라는 이유만으로 도덕적 우위를 부여하는 편견.

"만약 어떤 존재가 고통을 느낀다면, 그 고통을 고려하지 않을 도덕적 정당성은 없다. 존재의 종류가 무엇이든 간에, 평등의 원리는 그 고통이 다른 존재의 유사한 고통과 동등하게 고려되어야 함을 요구한다."

―『동물 해방』, 1975

피터 싱어는 "누구의 고통을 외면하고 있는가?"라고 묻는다. 도덕의 경계는 혈연, 국적, 종을 따라 그어지지 않는다.

고통을 줄일 수 있는데도 그러지 않는다면, 그 무관심은 이미 하나의 선택이다.

윤리는 감정의 문제가 아니라, 행위가 만들어내는 결과의 문제다.

더 생각해보기

- 도덕적 고려의 기준은 어디까지 확장될 수 있는가?

- 일상적 소비와 선택은 보이지 않는 고통과 어떻게 연결되는가?

- '할 수 있음에도 하지 않는 것'은 책임이 되는가?

051

데닛 Daniel C. Dennett, 1942~

미국의 철학자이자 인지과학 이론가로, 의식을 신비한 실체가 아니라 자연선택과 정보처리의 산물로 설명한다.

- **다중 초안 모델**Multiple Drafts Model │ 의식은 한 지점에서 '상영'되는 경험이 아니라, 두뇌 곳곳에서 병렬로 생성·수정되는 해석들의 흐름이다.

- **설명적 구성물**Narrative Construction │ 우리가 '의식적 경험'이라 부르는 것은, 두뇌가 행동을 조율하기 위해 만든 가장 그럴듯한 이야기다.

"의식은 진화적 필요에 의해 발달한 적응적 특성이다. 의식은 단일하고 고정된 실체가 아니라, 두뇌가 환경과 상호작용하며 생성한 설명적 구성물과 '다중 서사'의 조합으로 이해될 수 있다."
―『의식이라는 꿈』, 1991

데닛은 의식을 '있는 것'이 아니라 '작동하는 방식'으로 바꿔 묻는다. 우리에게 의식은 분명 느껴지지만, 그 느낌이 곧 하나의 실체를 보증하지는 않는다.

두뇌는 행동을 가능하게 하는 설명을 만들고, 그 설명의 집합이 '나'라는 경험을 낳는다. 의식은 무대가 아니다. 의식은 편집 과정이다. 우리는 중심이 아니라, 과정의 교차점이다.

- '느껴진다'는 사실은 실체의 증거가 되는가?
- 자아는 원인인가, 설명의 결과인가?
- 의식을 설명한다고 해서 그 가치를 낮추는 것일까?

052

차머스 David J. Chalmers, 1966~

호주 출신의 철학자로, 의식 연구에서 설명 가능성의 한계를 정면으로 제기하며 '어려운 문제'를 정식화했다. 그는 의식을 정보처리로 환원하려는 시도에 근본적 질문을 던진다.

- **의식의 어려운 문제**The Hard Problem of Consciousness │ 뇌의 기능·행동은 설명할 수 있어도, 왜 '느낌'이 동반되는지는 설명되지 않는다.
- **설명 격차**Explanatory Gap │ 물리적 사실을 모두 알아도, 그 사실이 왜 특정한 경험을 낳는지는 여전히 남는다.

"의식 경험은 우리가 가장 즉각적으로 알 수 있다. 그러나 그것만큼 설명하기 어려운 것도 없다. 왜 물리적 정보 처리 과정이 풍부한 내면적 삶을 만들어내는가? 그렇게 되어야 할 어떤 객관적 이유도 없어 보이지만, 분명히 그렇게 된다."
─『의식하는 마음』, 1996

차머스는 묻는다. 뇌가 정보를 처리한다는 사실이, 왜 무언가를 느끼는 삶으로 이어져야 하는가. 기능은 설명할 수 있다. 행동도 예측할 수 있다. 그러나 느낌은 남는다. 의식은 오류가 아니다. 부수 현상도 아니다. 그는 의식을 과학의 경계가 아니라, 철학이 포기할 수 없는 중심 문제로 되돌려놓는다. 설명이 멈추는 지점에서, 질문은 시작된다.

- 기능을 모두 설명하면, 경험도 설명된 것일까?
- 1인칭 경험은 과학적 언어로 포착될 수 있는가?
- 의식을 추가적 실재로 인정하는 것은 후퇴인가, 진전인가?

053

슬로터다이크 Peter Sloterdijk, 1947~
독일의 철학자이자 문화이론가로, 인간을 본성의 산물이 아니라 훈련과
실천을 통해 스스로를 형성하는 존재로 규정하며 근대 이후의 인간학을
재구성했다.

- **인류학적 훈련**Anthropotechnics │ 인간이 자신을 형성하기 위해 반복
하는 모든 훈련 · 수행 · 자기기술의 총체.

- **프로토타입 인간**Prototype Human │ 고정된 본질이 아니라, 갱신 · 개
선 · 재설계되는 존재로서의 인간.

"너는 네 삶을 바꾸어야 한다. 인간은 주어진 존재가 아니다. 그는
자신을 훈련하는 유일한 동물이다. 오늘날 인간은 인간을 만든다.
인간은 더 이상 신의 형상이 아니라, 자기 기술의 산물이다. 우리
는 '자연'이 아니라 '프로토타입'을 살아간다."
─『너는 너의 삶을 바꿔야 한다』, 2009

인간은 자연이 만든 존재가 아니다. 인간은 자신에게 가해지는 훈련의 결과다.
기도, 공부, 예술, 노동, 자기 관리─ 이 모든 반복이 인간을 만든다.
자유는 선택이 아니라 훈련의 방향이다. 삶은 주어지는 것이 아니라, 매일 갱신되는
실천이다. 그는 말한다. 너는 네 삶을 바꾸어야 한다.

🔖 더 생각해보기

· 우리는 어떤 훈련을 통해 지금의 우리가 되었는가?

· 자기계발은 해방인가, 새로운 규율인가?

· 인간이 스스로를 만든다면, 책임은 어디까지 확장되는가?

054

해러웨이 Donna J. Haraway, 1944~

미국의 페미니스트 이론가이자 과학기술학STS 연구자로, 인간을 고립된 주체가 아니라 비인간 존재들과 얽혀 공진화하는 관계적 존재로 재정의했다.

- **사이보그**Cyborg | 인간/기계, 자연/문화의 이분법을 해체하는 혼종적 존재.

- **공진화**Co-evolution | 인간은 동물·기계·환경과 서로를 변화시키며 함께 진화한다.

"나는 기계와 유기체, 인간과 동물 간의 경계를 무너뜨려야 한다고 주장한다. 이 경계는 우리의 정체성, 권리, 그리고 관계의 방식을 형성하지만, 동시에 우리는 그것을 통해 새로운 연대와 상호작용의 가능성을 모색할 수 있다."
—『사이보그 선언』, 1985

해러웨이는 인간 중심주의를 멈추라고 요구한다. 우리는 이미 기계와 함께 살고, 동물과 환경의 조건 속에서만 존재한다. 순수한 인간은 없다. 경계를 긋는 대신, 얽힘을 책임져야 한다.

윤리는 지배의 문제가 아니라 공존의 기술이다. 그녀에게 미래는 단일한 주체의 진보가 아니라, 서로 다른 존재들이 함께 살아남는 방식의 발명이다.

더 생각해보기

- 기술은 인간성을 위협하는가, 재구성하는가?
- 비인간 행위자를 도덕의 범주에 포함시킬 수 있는가?
- '함께 되기'는 어떤 책임을 요구하는가?

055

브라이도티 Rosi Braidotti, 1954~

이탈리아 태생의 철학자이자 페미니스트 이론가로, 인간 중심주의 이후의
윤리와 주체성을 모색하며 포스트휴먼 사유를 체계화했다.

- **포스트휴먼** Posthuman | 인간을 모든 가치의 중심에 두는 전통적 인
  문주의를 넘어, 비인간·기술·환경과의 관계 속에서 구성되는 주
  체에 대한 개념.

- **관계적 주체성** Relational Subjectivity | 자아는 고립된 실체가 아니라,
  타자·환경·기술과의 얽힘 속에서 형성된다.

"나는 인간의 존재가 고립된 개인이 아니라, 끊임없이 변화하는
관계의 맥락 속에서 형성된다고 본다. 우리의 정체성은 시간을 통
해 연결된 다양한 경험과 관계에 의해 구성되며, 이는 개인적이면
서도 집단적인 차원에서 우리의 존재를 형성한다."
— 『포스트휴먼』, 2013

브라이도티는 인간의 종말을 선언하지 않는다. 그는 인간의 재배치를 요구한다. 우리
는 더 이상 세계의 중심이 아니다. 그러나 그래서 무력해진 것도 아니다. 주체는 관계
속에서 생성되고, 윤리는 그 관계의 방향을 묻는다.
포스트휴먼은 기술적 미래가 아니라, 책임의 확장이다. 함께 살아가는 존재들에 대해
우리는 어떤 존재가 되기로 선택할 것인가?

더 생각해보기

- '포스트휴먼'은 인간의 가치가 약화되는 것인가, 인간의 책임이 확장되는 것인가?
- 내가 '나'라고 부르는 정체성은 어떤 관계들(가족, 언어, 기술, 제도, 환경)에 의해 만들어졌는가?
- 기술과 결합한 삶에서, 나의 자율성은 강화되는가, 재구성되는가?

056

커즈와일 Ray Kurzweil, 1948~

미국의 미래학자이자 발명가로, 기술 발전의 가속 법칙을 바탕으로 인간
과 인공지능의 융합을 예측하며 '기술적 특이점' 개념을 대중화했다.

- **기술적 특이점** Technological Singularity │ 인공지능이 인간 지능을 초월
  하며, 기술 발전이 인간의 예측·통제를 벗어나는 전환점.

- **인간 – 기계 융합** Human–Machine Integration │ 뇌–컴퓨터 인터페이스,
  나노기술, 생명공학을 통해 인간의 인지·기억·신체 능력이 기술
  과 결합된다.

"특이점은 단지 기술의 급격한 변화가 아니라, 인간 존재 자체의
재정의다. 우리는 곧 생물학적 한계를 넘어서서, 더 이상 인간과
기계를 구분할 수 없는 존재가 될 것이다."
– 레이 커즈와일, 2005

커즈와일에게 미래는 선택의 문제가 아니다. 그것은 도달하고 있는 경로다. 기술은
인간의 도구에서 인간의 일부로 이동하고 있다. 지능은 외부에 위임되고, 기억은 확
장되며, 정체성은 혼합된다.
문제는 기술이 가능한가가 아니다. 문제는 그 안에서 인간을 어떻게 정의할 것인가
다. 특이점은 종말이 아니라, 인간 개념의 재작성이다.

더 생각해보기

- 인간과 기계의 경계가 사라질 때, '책임'은 누구에게 귀속되는가?

- 능력의 기술적 확장은 새로운 불평등을 낳는가?

- 생물학적 한계를 넘는 것이 인간다움의 확장인가, 상실인가?

057

보스트롬 Nick Bostrom 1973~

스웨덴 출신의 철학자이자 미래학자로, 인공지능의 장기적 위험과 인간 문명의 존속 조건을 분석하며 초지능 시대의 윤리와 전략을 정식 문제로 제기했다.

- **슈퍼인텔리전스**Superintelligence | 과학 · 전략 · 사회 전반에서 인간의 인지 능력을 압도하는 지능.
- **정렬 문제**Alignment Problem | 인공지능의 목표와 가치가 인간의 가치와 일치하도록 만드는 문제.

"기계 지능은 인류가 만들어야 할 마지막 발명일 것이다. 기계가 인간보다 더 나은 지능형 기계를 설계할 수 있게 되면, 인간의 개입은 더 이상 필요하지 않게 된다. 그때 인류의 운명은 최초의 슈퍼인텔리전트 시스템이 어떤 조건 아래에서 작동하느냐에 달려 있다."

—『초지능: 경로, 위험, 전략』, 2014

보스트롬은 기술의 낙관도, 공포도 경계한다. 그가 묻는 것은 속도가 아니라 방향이다. 초지능은 악의적일 필요가 없다. 무관심해도 충분히 위험하다.

인간의 가치가 정확히 번역되지 않는다면, 가장 합리적인 시스템이 가장 치명적인 결과를 낳을 수 있다. 미래의 문제는 기술의 문제가 아니라, 지금의 설계와 선택의 문제다.

초지능은 오지 않을 수도 있다. 그러나 한 번 오면, 두 번째 기회는 없다.

더 생각해보기

- 인간의 가치는 기계가 이해할 수 있는 형태로 표현 가능한가?
- 통제 불가능한 위험 앞에서 '개발 경쟁'은 정당화될 수 있는가?
- 초지능 시대에 인간의 역할은 지배자인가, 공존자이며 조정자인가?

거인의 어깨 필사노트

초판 1쇄 | 2026년 2월 13일

지은이 | 벤진 리드 · 진승혁
펴낸이 | 진승혁
진행 | 김하연

디자인 | 기민주
인쇄 | 상지사 피앤비
펴낸곳 | 도서출판 준평
임프린트 | 자이언톡
주소 | 서울시 용산구 한강대로 109 용성비즈텔 703호
전화번호 | 02-6959-2050
팩스 | 070-7500-2050
홈페이지 | http://www.giantalk.com
전자우편 | pungseok@naver.com
유튜브 | 퓨버누스 @Fübernoos

ISBN 979-11-993876-3-8 03100